文部科学省後援

英検® 2級

でる順
合格問題集

[新試験対応版]

「英検」は、公益財団法人日本英語検定協会の登録商標です。

はじめに

　本書は，英検2級合格を目指す皆さんがムリなく，ムダなく合格を勝ち取ることができるよう編集部で検討を重ね，制作されました。

■「でる順」だからムダなく学習
　過去問を分析し，でる度A～Cの3ランクを設定しました。実際によく出題されるタイプの問題から順に掲載されていますので，ムダなく，効率よく学習できます。

■多すぎず少なすぎず，合格に最適な問題数
　練習問題は多すぎると負担，でも少なすぎても不安ですね。本書は，多くの学習者が試験対策にあてる試験直前の1カ月～2週間で学習できる，ムリのない問題数を収録しています。

■試験会場まで持って行ける，ポケットサイズの別冊付き
　「時間配分がうまくできない」「緊張して実力が発揮できない」といった試験当日の不安を解消！　本書には試験会場まで持って行くことのできる，ポケットサイズの別冊をつけました。これで，試験直前の対策もばっちりです。

　英検2級は，2016年度より英作文が加わるなど大きく変わりました。新試験に完全対応した本書が，皆さんの英検2級合格の一助となることを願っています。最後に，本書を刊行するにあたり多大なご尽力をいただきました九州大学准教授 内田　諭先生に深く感謝の意を表します。

旺文社

※本書は，2016年7月時点の情報に基づき，2011年8月に刊行された『英検2級でる順合格問題集』の内容を，2016年度以降の試験形式に合わせて再編集したものです。

もくじ

本書の使い方 … 4
英検2級の受験情報 … 6
英検2級の試験内容 … 8
付属CDについて … 10

一次試験・筆記

大問1 短文の語句空所補充 … 11
　合格のポイント … 12
　でる度 **A** 絶対にはずせない単語 … 14
　　　　　　絶対にはずせない熟語 … 28
　　　　　　絶対にはずせない文法 … 38
　でる度 **B** 押さえておきたい単語 … 42
　　　　　　押さえておきたい熟語 … 56
　　　　　　押さえておきたい文法 … 66
　でる度 **C** 差がつく単語 … 68
　　　　　　差がつく熟語 … 80
　　　　　　差がつく文法 … 88
　単語クイズ1 … 90

大問2 長文の語句空所補充 … 91
　合格のポイント … 92
　重要度 **A** 社会・文化 … 94
　重要度 **B** 科学・テクノロジー … 102

大問3 長文の内容一致選択 … 111
　合格のポイント … 112
　重要度 **A** Eメール … 114
　重要度 **B** 科学・テクノロジー … 122
　重要度 **C** 医療・健康，自然・生物 … 130
　単語クイズ2 … 140

大問4	英作文	141
	合格のポイント	142
	重要 (1)	144
	重要 (2)	145
	重要 (3)	146
	重要 (4)	147

一次試験・リスニング

第1部	会話の内容一致選択	157
	合格のポイント	158
	でる度 A 友人・同僚同士の会話	160
	でる度 B 客と店員，家族，そのほかの会話	173
	単語クイズ 3	186
第2部	英文の内容一致選択	187
	合格のポイント	188
	でる度 A ある人物のエピソード	190
	でる度 B アナウンス，文系・理系トピック	203

二次試験・面接

二次試験・面接の流れ	218
合格のポイント	220
練習問題①	222
練習問題②	226
単語クイズ解答	230

執筆：内田 諭（九州大学准教授），茅野夕樹（ロイ英語事務所），
　　　Clinton Lane（幕別町教育委員会 国際交流員），Adrian Pinnington（早稲田大学教授），
　　　Michael Joyce, Elizabeth Nishitateno
編集：林　充　　編集協力：株式会社シー・レップス
データ作成協力：幸和印刷株式会社　　CD録音：有限会社スタジオ ユニバーサル
装丁イラスト：三木謙次　　本文イラスト：三木謙次，有限会社アート・ワーク，勝部浩明
装丁デザイン：林慎一郎（及川真咲デザイン事務所）　　本文デザイン：伊藤幸恵

本書の使い方

本書では，英検2級を大問ごとに対策していきます。収録問題は筆記230問，リスニング60問の合計290問です。二次試験対策は2セットです。

合格のポイント

まず，このページで出題形式・傾向や学習のアドバイスを確認しましょう。どんな問題が出題されるのか，またどのように学習を進めていったらよいのかをチェックします。

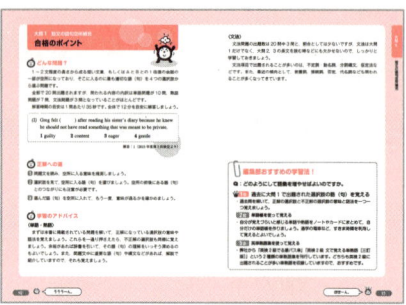

学習のページ

実際の試験にそっくりな練習問題が，「でる度」または「重要度」別に掲載されているので，効率よく学習を進めることができます。付属の赤セルシートも使ってチェックしていきましょう。

※発音記号は原則として『サンライズクエスト英和辞典』（旺文社）に準じています。

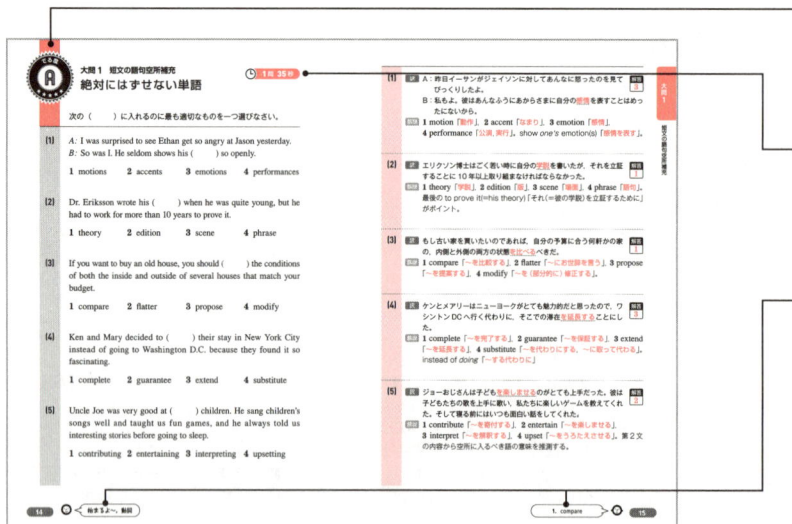

単語クイズ

英検2級合格に役立つ単語クイズを掲載しています。学習に疲れて気分転換したい時などにお楽しみください。クイズの解答は，巻末にあります。

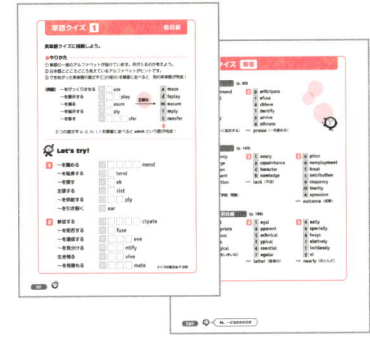

別冊「でる順 BOOK」

試験直前に役立つ情報が満載です。本書巻末にありますので切り取ってご利用ください。

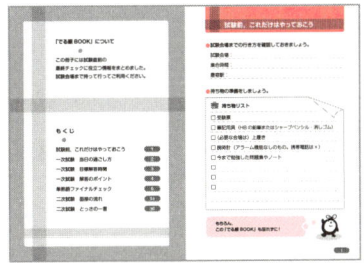

- ●でる度マーク　各問題の「でる度」または「重要度」を表しています。
  〈でる度とは〉過去問を分析したデータに基づき，編集部でA〜Cのランクをつけています。

- ●目標解答時間
  1問あたりの目標解答時間を掲載しています。普段から，時間を意識して問題を解く練習をしておきましょう！

- ●ひとくち単熟語コーナー
  「でちゃうくん」が本書大問1に収録している単熟語をつぶやいています。答えは次のページにありますので，復習に活用してください。

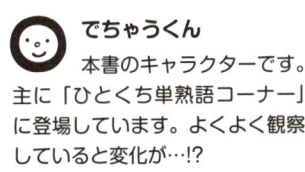

でちゃうくん
本書のキャラクターです。主に「ひとくち単熟語コーナー」に登場しています。よくよく観察していると変化が…!?

英検®2級の受験情報

実施機関

公益財団法人　日本英語検定協会
〒162-8055　東京都新宿区横寺町55
TEL: 03-3266-8311
ウェブサイト: www.eiken.or.jp

試験日程

試験は年3回行われます。

第1回検定	一次試験	6月	二次試験	7月
第2回検定	一次試験	10月	二次試験	11月
第3回検定	一次試験	1月	二次試験	2月

検定料

1級	準1級	2級	準2級
8,400円	6,900円	5,800円	5,200円

3級	4級	5級	
3,800円	2,600円	2,500円	（本会場料金／税込）

受験資格

特に制限はありません。
※目や耳・肢体等が不自由な方には特別措置が講じられます。詳しくは実施機関にお問い合わせください。

申込方法

● **個人受験**

下記いずれかの方法で申し込みができます。

英検特約書店 （要願書）	検定料を払い込み，「書店払込証書」と「願書」を協会へ郵送。
コンビニ （願書不要）	店頭の情報端末に入力し，「申込券」が出力されたら検定料をレジで支払う。
インターネット （願書不要）	英検ウェブサイト **www.eiken.or.jp** から直接申し込める。 検定料は，クレジットカード，コンビニ，郵便局 ATM で支払う。

● **団体受験**

学校や塾などで申し込みをする団体受験もあります。詳しくは申込責任者にお尋ねください。

※ 2017年4月現在の情報です。内容は変更されることがありますので，詳しくは実施機関にお問い合わせください。

英検®2級の試験内容

英検2級は，高校卒業程度の英語力が求められる級です。一次試験は85分の筆記試験と約25分のリスニングテストで構成されています。解答はマークシート方式と記述式です。
一次試験合格後に受験する二次試験は，面接形式のスピーキングテスト（約7分）となっています。

一次試験

● 筆記試験

筆記試験は4つの大問で構成されています。

問題	形式	問題数
1	短文の語句空所補充 短文の空所に，文脈に合う適切な語（句）を補う。	20問
2	長文の語句空所補充 パッセージ（長文）の空所に，文脈に合う適切な語句を補う。	6問
3	長文の内容一致選択 パッセージ（長文）の内容に関する質問に答える。	12問
4	英作文 与えられたTOPICに対して，自分の意見と2つの理由を80語〜100語で書く。	1問

● リスニングテスト

リスニングテストは第1部, 第2部で構成されています。放送は各問1回のみで, 解答時間はそれぞれ10秒です。

問題	形式	問題数
第1部	**会話の内容一致選択** 会話の内容に関する質問に答える。	15問
第2部	**英文の内容一致選択** 短いパッセージの内容に関する質問に答える。	15問

二次試験

● 面接

面接は以下の要素で構成されています。

問題	形式
音読	60語程度の文章を読む。
No.1	音読した文章の内容についての質問に答える。
No.2	3コマのイラスト中の人物の行動や状況などを描写する。
No.3	ある事象・意見について自分の意見などを述べる（カードのトピックに関連した内容）。
No.4	日常生活の身近な事柄について自分の意見などを述べる（カードのトピックに直接関連しない内容も含む）。

付属 CD について

本書にはリスニングと面接の問題を収録したCDが1枚付いています。
◎ 1 の数字は，CDトラックの番号を表しています。

● 収録時間　約57分

トラック番号	収録内容
1	このCDについて
2～17	リスニング第1部　でる度 A（友人・同僚同士の会話）
18～33	リスニング第1部　でる度 B（客と店員，家族，そのほかの会話）
34～49	リスニング第2部　でる度 A（ある人物のエピソード）
50～65	リスニング第2部　でる度 B（アナウンス，文系・理系トピック）
66～70	面接　練習問題①
71～75	面接　練習問題②

※付属CDは，音楽CDプレーヤーで再生してください。パソコンなどでの再生時には，不具合が生じる可能性があります。あらかじめご了承ください。

大問1

短文の語句空所補充

合格のポイント	12
でる度 Ⓐ 絶対にはずせない単語	14
絶対にはずせない熟語	28
絶対にはずせない文法	38
でる度 Ⓑ 押さえておきたい単語	42
押さえておきたい熟語	56
押さえておきたい文法	66
でる度 Ⓒ 差がつく単語	68
差がつく熟語	80
差がつく文法	88

大問1 短文の語句空所補充
合格のポイント

どんな問題？

1～2文程度の長さから成る短い文章、もしくはAとBとの1往復の会話の一部が空所になっており、そこに入るのに最も適切な語（句）を4つの選択肢から選ぶ問題です。

全部で20問出題されますが、問われる内容の内訳は単語問題が10問、熟語問題が7問、文法問題が3問となっていることがほとんどです。

解答時間の目安は1問あたり35秒です。全体で12分を目安に解答しましょう。

---

(1) Greg felt (　　　) after reading his sister's diary because he knew he should not have read something that was meant to be private.

1 guilty　　　**2** content　　　**3** eager　　　**4** gentle

解答：1（2015年度第3回検定より）

正解への道

1. 問題文を読み、空所に入る意味を推測しましょう。
2. 選択肢を見て、空所に入る語（句）を選びましょう。空所の前後にある語（句）とのつながりにも注意が必要です。
3. 選んだ語（句）を空所に入れて、もう一度、意味が通るかを確かめましょう。

学習のアドバイス

〈単語・熟語〉

まずは本書に掲載されている問題を解いて、正解になっている選択肢の意味や語法を覚えましょう。これらを一通り押さえたら、不正解の選択肢も同様に覚えましょう。余裕があれば辞書を引いて、その語（句）の理解をいっそう深めるのもよいでしょう。また、問題文中に重要な語（句）や構文などがあれば、解説で紹介していますので、それも覚えましょう。

ううう～ん。

〈文法〉
　文法問題の出題数は20問中3問と，割合としては少ないですが，文法は大問1だけでなく，大問2，3の長文を読む時などにも欠かせないので，しっかりと学習しておきましょう。
　文法項目で出題されることが多いのは，不定詞・動名詞，分詞構文，仮定法などです。また，最近の傾向として，前置詞，接続詞，否定，代名詞なども問われることが多くなってきています。

編集部おすすめの学習法！

Q：どのようにして語彙を増やせばよいのですか。

👑1位　過去に大問1で出題された選択肢の語（句）を覚える
・過去問を解いて，正解の選択肢と不正解の選択肢の意味と語法を一つ一つ覚えましょう。

2位　単語帳を使って覚える
・自分が覚えづらいと感じる単語や熟語をノートやカードにまとめて，自分だけの単語帳を作りましょう。通学の電車など，すきま時間を利用して覚えるとよいでしょう。

3位　英単熟語集を使って覚える
・弊社から『英検2級でる順パス単』『英検2級 文で覚える単熟語［三訂版］』という2種類の単熟語集を刊行しています。どちらも英検2級に出題されることが多い単熟語を収録していますので，おすすめです。

ぽぽーん。

大問1 短文の語句空所補充
絶対にはずせない単語

次の（　　）に入れるのに最も適切なものを一つ選びなさい。

(1) *A:* I was surprised to see Ethan get so angry at Jason yesterday.
B: So was I. He seldom shows his (　　) so openly.

1 motions　　**2** accents　　**3** emotions　　**4** performances

(2) Dr. Eriksson wrote his (　　) when he was quite young, but he had to work for more than 10 years to prove it.

1 theory　　**2** edition　　**3** scene　　**4** phrase

(3) If you want to buy an old house, you should (　　) the conditions of both the inside and outside of several houses that match your budget.

1 compare　　**2** flatter　　**3** propose　　**4** modify

(4) Ken and Mary decided to (　　) their stay in New York City instead of going to Washington D.C. because they found it so fascinating.

1 complete　　**2** guarantee　　**3** extend　　**4** substitute

(5) Uncle Joe was very good at (　　) children. He sang children's songs well and taught us fun games, and he always told us interesting stories before going to sleep.

1 contributing　　**2** entertaining　　**3** interpreting　　**4** upsetting

(1) **訳** A：昨日イーサンがジェイソンに対してあんなに怒ったのを見てびっくりしたよ。
B：私もよ。彼はあんなふうにあからさまに自分の感情を表すことはめったにないから。

解答 3

解説 1 motion「動作」，2 accent「なまり」，3 emotion「感情」，4 performance「公演，実行」。show one's emotion(s)「感情を表す」。

(2) **訳** エリクソン博士はごく若い時に自分の学説を書いたが，それを立証することに10年以上取り組まなければならなかった。

解答 1

解説 1 theory「学説」，2 edition「版」，3 scene「場面」，4 phrase「語句」。最後の to prove it(=his theory)「それ(＝彼の学説)を立証するために」がポイント。

(3) **訳** もし古い家を買いたいのであれば，自分の予算に合う何軒かの家の，内側と外側の両方の状態を比べるべきだ。

解答 1

解説 1 compare「～を比較する」，2 flatter「～にお世辞を言う」，3 propose「～を提案する」，4 modify「～を(部分的に)修正する」。

(4) **訳** ケンとメアリーはニューヨークがとても魅力的だと思ったので，ワシントンDCへ行く代わりに，そこでの滞在を延長することにした。

解答 3

解説 1 complete「～を完了する」，2 guarantee「～を保証する」，3 extend「～を延長する」，4 substitute「～を代わりにする，～に取って代わる」。instead of doing「～する代わりに」

(5) **訳** ジョーおじさんは子どもを楽しませるのがとても上手だった。彼は子どもたちの歌を上手に歌い，私たちに楽しいゲームを教えてくれた。そして寝る前にはいつも面白い話をしてくれた。

解答 2

解説 1 contribute「～を寄付する」，2 entertain「～を楽しませる」，3 interpret「～を解釈する」，4 upset「～をうろたえさせる」。第2文の内容から空所に入るべき語の意味を推測する。

1. compare

(6) A: I hope I'm not (   ) your sleep, John, but there's something I need to tell you immediately.
B: No problem. I was reading in the living room. So, what's the matter?

1 disposing   **2** disturbing   **3** tempting   **4** treating

(7) Finally, Bob (   ) that he had broken the vase. His mother scolded him not because he did it but because he had not told the truth.

1 admitted   **2** admired   **3** analyzed   **4** annoyed

(8) When I read his biography, I was very impressed to learn that Beethoven (   ) Symphony No. 9 even despite his hearing disability.

1 abandoned   **2** composed   **3** deposited   **4** obtained

(9) A: Look at the gray sky. What will happen to the game if it rains?
B: It will be (   ) till Monday.

1 adjusted   **2** canceled   **3** recalled   **4** postponed

(10) A: Why do people leave garbage in the park? They have such bad manners.
B: It's easy to (   ) others, but let's try to think what we can do to solve the problem ourselves.

1 criticize   **2** cheat   **3** predict   **4** threaten

(6) 訳 A：眠っているところを邪魔していなければいいけれど、ジョン、でも今すぐ知らせなくちゃならないことがあるの。
B：大丈夫。居間で本を読んでいたところだから。それで、どうしたの？
解答 2
解説 1 dispose「～を配置する」，2 disturb「～を邪魔する」，3 tempt「～を誘惑する」，4 treat「～を扱う」。

(7) 訳 とうとうボブは自分が花瓶を割ったことを認めた。彼の母親は、彼が花瓶を割ったことではなく、本当のことを言わなかったことで、彼をしかったのだ。
解答 1
解説 1 admit「～を認める」2 admire「～を賞賛する」，3 analyze「～を分析する」，4 annoy「～を悩ませる」。空所後が that 節であることに注目。admit that ...「…ということを認める」。

(8) 訳 ベートーベンの伝記を読んで、彼は難聴だったにもかかわらず交響曲第9番を作曲したと知り、とても感動した。
解答 2
解説 1 abandon「～を捨てる」，2 compose「～を作曲する」，3 deposit「～を預ける」，4 obtain「～を手に入れる」。that 節内の主語が音楽家であるベートーベン、目的語が曲であることに注目。despite「～にもかかわらず」。hearing disability「聴覚障害」。

(9) 訳 A：この灰色の空を見てよ。雨が降ったら試合はどうなるの？
B：月曜日に延期されるよ。
解答 4
解説 1 adjust「～を適合させる」，2 cancel「～を中止する」，3 recall「～を思い出す」，4 postpone「～を延期する」。be postponed until[till]「～まで延期される」。

(10) 訳 A：どうしてみんな公園にゴミを置いていくんだろう。本当にマナーが悪いよ。
B：他人を批判するのは簡単だけど、この問題を解決するために自分たちで何ができるかを考えてみようよ。
解答 1
解説 1 criticize「～を批判する」，2 cheat「～を欺く」，3 predict「～を予言する」，4 threaten「～を脅す」。

2. extend

(11) A: I often have bad dreams at night and I can't get a good night's sleep.
B: I think you are just (   ) tired, Marshall. You have had a lot of troubles in your work and private life.

1 eagerly　　**2** kindly　　**3** mentally　　**4** silently

(12) A: I heard you want to be a rock star, Keith. That's a great dream!
B: Well, I don't have any (   ) to be famous. I'd just like to keep on playing my music.

1 habit　　**2** anxiety　　**3** desire　　**4** value

(13) The athlete's gold medal and uniform will be (   ) for a month at the entrance hall of the city hall in his hometown.

1 gestured　　**2** focused　　**3** occurred　　**4** displayed

(14) The people at the sales department and the engineers (   ) for months whether they should develop a hybrid car or an electric car.

1 attended　　**2** debated　　**3** determined　　**4** released

(15) The (   ) to this problem should be sought not only by the teachers but also by everyone involved in this school, including students and their parents.

1 inspiration　　**2** objection　　**3** relation　　**4** solution

(11) 訳 A：夜，頻繁に悪い夢を見て，よく眠れないんだ。
B：精神的に疲れているだけだと思うよ，マーシャル。あなたは仕事でも私生活でもたくさんトラブルを抱えているから。

解答 3

解説 1 eagerly「熱心に」，2 kindly「親切に」，3 mentally「精神的に」，4 silently「静かに」。空所に入る副詞は直後の形容詞 tired「疲れた」を修飾している。

(12) 訳 A：あなたロックスターになりたいんだってね，キース。すてきな夢ね！
B：まあ，有名になりたいという願望は全然ないんだ。ただ自分の音楽を演奏し続けたいだけなんだ。

解答 3

解説 1 habit「習慣」，2 anxiety「不安」，3 desire「願望，欲望」，4 value「価値」。desire to be ... [do]「～になりたい［～したい］という欲望」。keep on doing「～し続ける」。

(13) 訳 その選手の金メダルとユニフォームが，彼の故郷にある市役所の玄関ホールに1カ月間展示される。

解答 4

解説 1 gesture「(～を)身ぶりで示す」，2 focus「～を集中させる」，3 occur「起こる」，4 display「～を展示する」。occur は自動詞なので受動態にするのは不可能。

(14) 訳 営業部の人々とエンジニアたちは，彼らが開発すべきなのはハイブリッド車か電気自動車かについて，数カ月間討議した。

解答 2

解説 1 attend「～に出席する」，2 debate「～を討議する」，3 determine「～を決定する」，4 release「～を解放する」。空所後に for months「数カ月間」とあるので，determined はふさわしくない。

(15) 訳 この問題の解決策は，教師だけではなく，生徒や彼らの親を含め，この学校にかかわる者全員によって探し求められるべきである。

解答 4

解説 1 inspiration「霊感，知的に刺激する［される］こと」，2 objection「異議」，3 relation「関連」，4 solution「解決(法)」。sought は seek「～を探す，求める」の過去分詞形。

3. entertain

(16) The group of scientists carried out (　　) on rats to see the effectiveness of a newly developed vaccine against a disease for which there is currently no cure.

1 entertainments　　**2** experiments
3 judgments　　**4** statements

(17) We have (　　) to persuade the owners to sell their land to us but failed, so we had to make the shopping mall much smaller than originally planned.

1 attempted　　**2** encountered　　**3** managed　　**4** traded

(18) *A:* Whenever I call her, Hannah says she is too busy to see me.
B: I'm afraid she may be (　　) she doesn't want to go out with you any longer.

1 defending　　**2** greeting　　**3** offering　　**4** implying

(19) Kimberly usually works at the Head Office in Manhattan but right now she is (　　) working at a branch office in New Jersey until they find a new laboratory technician.

1 formerly　　**2** immediately　　**3** rarely　　**4** temporarily

(20) Linda was (　　) by the speed of the bullet train that passed the platform when she was waiting for her train at Himeji Station.

1 amazed　　**2** banned　　**3** crashed　　**4** packed

3. 動 ～を楽しませる

(16) 訳 その科学者の一団は，現在治療法のない病気に対して新しく開発されたワクチンの効果を測るため，ラットに対して実験を実施した。

解答 **2**

解説 **1** entertainment「娯楽」，**2** experiment「実験」，**3** judgment「判定」，**4** statement「声明」。空所を目的語に取っている句動詞 carry out「(実験・試験など) を実施する」も重要。

---

(17) 訳 地主たちに土地を私たちに売るよう説得を試みたが，うまくいかなかった。そのため，ショッピングモールを本来の計画よりもはるかに小さくしなければならなかった。

解答 **1**

解説 **1** attempt「〜を試みる」，**2** encounter「〜に直面する，出会う」，**3** manage「〜を何とかなし遂げる」，**4** trade「〜を売買する，交換する」。attempt to do「〜しようと試みる」。

---

(18) 訳 A：いつ電話しても，ハンナは忙しくて会えないと言うんだ。
B：残念だけど，彼女はもう君と付き合いたくないと暗に言っているのかもしれないな。

解答 **4**

解説 **1** defend「〜を守る」，**2** greet「〜にあいさつする」，**3** offer「〜を提供する」，**4** imply「〜を暗示する」。go out with「〜と付き合う，デートに行く」。

---

(19) 訳 キンバリーは普段，マンハッタンの本社に勤務しているが，今現在は新しい検査技師が見つかるまで一時的にニュージャージーの支社で働いている。

解答 **4**

解説 **1** formerly「以前は」，**2** immediately「ただちに」，**3** rarely「まれに」，**4** temporarily「一時的に」。usually works ... と is (　　) working ... until ... の，現在形と現在進行形の対比に注目したい。

---

(20) 訳 リンダは姫路駅で自分の乗る列車を待っている時，プラットフォームを通過する新幹線のスピードにびっくりした。

解答 **1**

解説 **1** amaze「〜をびっくりさせる」，**2** ban「〜を禁止する」，**3** crash「〜を砕く」，**4** pack「〜を包む」。be amazed by[at]「〜にびっくりする」。

(21) Firefighters come to the day-care center in a fire engine and ( ) a fire drill twice a year.

1 conduct **2** represent **3** lecture **4** summarize

(22) At the entrance of the hall, event staffs were checking the ( ) of the audience's bags. They don't want the live music recorded or filmed.

1 deposits **2** targets **3** contents **4** receipts

(23) My father ( ) himself to cancer research. He was always busy at work and rarely cared about family affairs, but my mother never complained about it.

1 accomplished **2** dedicated
3 endangered **4** reserved

(24) A: How ( ) do the trains leave for the city center from this station?
B: About once an hour, but there's one every 20 or 30 minutes during rush hours.

1 frequently **2** particularly **3** precisely **4** strictly

(25) Jackie asked the audience if they had any questions but nobody ( ). So she decided to kill some of the remaining time by asking them some simple questions.

1 expressed **2** succeeded **3** presented **4** responded

(21) 訳 年に2回，消防士たちが消防車で保育所にやって来て，火災避難訓練を実施する。
解答 **1**
解説 **1** conduct「～を実施する，導く」，**2** represent「～を表す，代表する」，**3** lecture「～に講演する，説教する」，**4** summarize「～を要約する」。day-care center「保育所」。a fire drill「火災避難訓練」。

(22) 訳 ホールの入り口では，イベントのスタッフが聴衆のバッグの中身を検査していた。生演奏を録音されたり，録画されたりしたくないのだ。
解答 **3**
解説 **1** deposit「預金」，**2** target「標的」，**3** content「中身」，**4** receipt「領収書」。第2文から，録音機やビデオカメラが入っていないか，バッグの「中身」を検査しているのだと推測できる。

(23) 訳 私の父はがんの研究に一生を捧げた。彼はいつも研究で忙しく，家族のことはめったに気にかけなかったが，母はそのことについて決して不平を漏らさなかった。
解答 **2**
解説 **1** accomplish「～を遂行する」，**2** dedicate「～を捧げる」，**3** endanger「～を危険にさらす」，**4** reserve「～を予約する」。dedicate *oneself* to「～に一生を捧げる，専念する，打ち込む」。

(24) 訳 A：この駅から都心部へは，どのくらい頻繁に電車が出ているのですか。
B：1時間に1本程度ですが，ラッシュアワー時は20分か30分に1本出ています。
解答 **1**
解説 **1** frequently「頻繁に」，**2** particularly「特に」，**3** precisely「正確に」，**4** strictly「厳密に」。Bの発言内容から，Aが何を質問したのかを推測する。

(25) 訳 ジャッキーは聴衆に，質問があるかどうか尋ねたが，誰も返事をしなかった。そこで，彼女は簡単な質問を彼らにすることで，残りの時間をつぶすことにした。
解答 **4**
解説 **1** express「～を表す」，**2** succeed「成功する」，**3** present「～を提示する」，**4** respond「返事をする」。空所後には目的語がないので自動詞が入る。

5. disturb

(26) A: To tell you the truth, I don't have the (　　) to quit the job and start my own business.
B: You will regret it later if you don't follow your dreams.

1 mission　　　　　　**2** reward
3 discrimination　　　**4** confidence

(27) We should say without (　　) what we need to say. It is very important for us to share our feelings and opinions in order to make this project a success.

1 conference　**2** hesitation　**3** maintenance　**4** permission

(28) A: How much money should we give at Sayoko and Koji's wedding, Gary?
B: I'm not sure, Beth. I'm (　　) of that kind of Japanese custom. Why don't we ask Hiroshi?

1 extensive　**2** ignorant　**3** invisible　**4** selfish

(29) A: What is the name of that (　　) that looks like a small guitar?
B: Oh, the one they use in Hawaii? It's called a ukulele.

1 instrument　**2** practice　**3** selection　**4** monument

(30) Ryan doesn't believe that people's (　　) are determined by their blood types, because he thinks they are shaped by their experiences.

1 relatives　　　**2** ancestors
3 characters　　**4** passengers

(26) 訳 A：実を言うと，仕事を辞めて自分で商売を始める自信がないんだ。
B：自分の夢を追い求めなければ，後で後悔するよ。

解説 1 mission「任務，使命」，2 reward「報酬」，3 discrimination「差別」，4 confidence「自信」。to tell (you) the truth「実を言うと」。have the confidence to *do*「～する自信がある」。

解答 4

(27) 訳 私たちは，言う必要があることはためらわずに言うべきだ。この事業を成功させるためには，私たちが気持ちと意見を共有することがとても重要だ。

解説 1 conference「会議」，2 hesitation「ためらい」，3 maintenance「維持」，4 permission「許可」。without hesitation「ためらわずに」。

解答 2

(28) 訳 A：サヨコとコウジの結婚式にはお金をいくら包めばいいかしら，ゲーリー？
B：よく分からないな，ベス。この種の日本の習慣は知らないんだ。ヒロシに聞いてみようか。

解説 1 extensive「広い」，2 ignorant「無知の」，3 invisible「目に見えない」，4 selfish「利己的な」。be ignorant of「～を知らない」。

解答 2

(29) 訳 A：あの小さなギターみたいな楽器の名前は何だっけ？
B：ああ，ハワイで使われているやつ？ それはウクレレっていう名前だよ。

解説 1 instrument「楽器，道具」，2 practice「練習，習慣」，3 selection「選択，品ぞろえ」，4 monument「記念碑」。

解答 1

(30) 訳 ライアンは，人の性格は血液型では決まらないと信じている。性格は経験によって形成されると，彼は考えているからである。

解説 1 relative「親戚」，2 ancestor「祖先」，3 character「性格」，4 passenger「乗客」。

解答 3

(31) Teruo told Mari's father that he wanted to marry her, but her father told him to find a job that would give him a regular (   ) to support her.

1 factor   **2** delay   **3** tax   **4** income

(32) By winning the Nobel Prize in Literature, the novelist, who had been very popular in his country, gained international (   ).

1 agreement   **2** exhibit   **3** logic   **4** recognition

(33) Though his newly started business has been growing steadily, Rick is still (   ) on his parents. He hopes to earn enough to make a living.

1 capable   **2** stable   **3** dependent   **4** worthy

(34) After hours of heated discussion, we came to the (   ) that we should carry out the project as originally planned.

1 conclusion   **2** definition   **3** expression   **4** illusion

(35) Mike thinks that, at elementary school, it is more important to form the (   ) of children's future learning than providing them with specialized knowledge.

1 classification   **2** foundation
3 representation   **4** transportation

(31) **訳** テルオはマリの父親に，彼女と結婚したいと伝えたが，彼女の父親は彼に，彼女を養うための定期的な収入を得られる仕事を見つけるように言った。　**解答** 4

解説 1 factor「要素」，2 delay「遅延」，3 tax「税金」，4 income「収入」。空所後の to support her から空所を推測しよう。

(32) **訳** その小説家は，自国ではずっとたいへん人気があったのだが，ノーベル文学賞を受賞することで，国際的な評価を得た。　**解答** 4

解説 1 agreement「同意」，2 exhibit「展示品」，3 logic「論理（学）」，4 recognition「評価，認識，承認」。gain international recognition「国際的に認められる」。

(33) **訳** 自分が新しく始めた商売は着実に成長してきているものの，リックはまだ親のすねをかじっている。自活できるだけの収入を稼ぎたいと，彼は思っている。　**解答** 3

解説 1 capable「有能な」，2 stable「安定した」，3 dependent「依存した」，4 worthy「価値がある」。この問題での dependent on は「〜に扶養されて，経済的に依存して」の意味。make a living「自活する，生計を立てる」。

(34) **訳** 数時間もの白熱した議論の後，われわれは当初の計画通りにプロジェクトを遂行するべきだという結論に達した。　**解答** 1

解説 1 conclusion「結論」，2 definition「定義」，3 expression「表現」，4 illusion「幻想，錯覚」。come to the conclusion that ...「…という結論に達する」。

(35) **訳** 小学校では，子どもたちの将来の学習の基礎を作ることが，専門的な知識を与えることよりも重要だと，マイクは思っている。　**解答** 2

解説 1 classification「分類」，2 foundation「基礎」，3 representation「表現すること，代表」，4 transportation「輸送，交通機関」。provide A with B で「A に B を提供する」の意味。

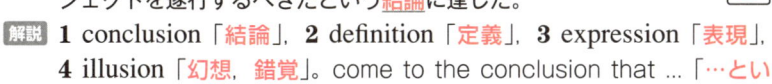
7. compose

大問1　短文の語句空所補充
絶対にはずせない熟語

次の（　）に入れるのに最も適切なものを一つ選びなさい。

(1) A: What should we go see in London, Brian?
B: I've been there several times. I think that, because it's your first time, it should be (　) you, Alice.

1 down for　**2** off of　**3** over by　**4** up to

(2) A: I heard Keith is leaving the office. What happened to him?
B: We should talk about it in (　). Let's go someplace else where nobody will hear us.

1 private　**2** transit　**3** depth　**4** tune

(3) A group of criminals (　) the jewelry store on Madison Street and stole jewelry worth 2.6 million dollars.

1 showed up　**2** filled out　**3** broke into　**4** turned in

(4) A doctor and several nurses were standing (　) during the marathon to take care of any runners who got sick or injured.

1 by　**2** in　**3** aside　**4** through

(5) Michael is a very popular instructor at the skiing school because his instructions are always clear and (　).

1 along the way　**2** to the point
3 out the door　**4** on the average

(1) **訳** A：私たち，ロンドンでは何を見たらいいかしら，ブライアン？
B：僕はそこには何回か行ったことがある。君は初めてなんだから，何を見るかは君次第だと僕は思うよ，アリス。

解答 4

解説 1 down for「～の予定で」，2 off of「～から」，4 up to「～次第で」，3 over by は特に熟語としての意味はない。

(2) **訳** A：キースが会社を辞めるって聞いたんだけど。何があったの？
B：そのことは内密に話した方がいい。どこか誰にも聞かれる恐れのないほかの場所に行こう。

解答 1

解説 1 in private「内密に，こっそりと」，2 in transit「乗り継ぎの」，3 in depth「徹底的に」，4 in tune「調和して」。Bの2番目の発言内容が正解の鍵。

(3) **訳** 犯罪者の一団がマディソン・ストリートの宝石店に押し入り，260万ドル相当の宝石を盗んだ。

解答 3

解説 1 show up「現れる，～を目立たせる」，2 fill out「～に記入する」，3 break into「(泥棒などが)～に押し入る」，4 turn in「～を引き渡す，提出する」。

(4) **訳** 医師1名と数名の看護師が，具合が悪くなったりけがをしたりしたランナーの手当てができるよう，マラソン大会の間待機していた。

解答 1

解説 1 stand by「待機する」，2 stand in「代理を務める」，3 stand aside「わきへ寄る」。4 stand through は意味を成さない。

(5) **訳** マイケルは，常に指導が明確で的を射ているので，そのスキー学校で大変人気のある指導者だ。

解答 2

解説 1 along the way「これまでに」，2 to the point「的を射た，適切な」，3 out the door「出掛けて，仕事が完了して」，4 on (the [an]) average「平均して，だいたい」。

8. postpone

(6) A: How do I look in my new jacket?
B: Hmm. It's a nice jacket but it doesn't (　　) that green shirt. You should change either the jacket or the shirt.

1 work in　　**2** show off　　**3** take up　　**4** go with

(7) A: Melanie still seems to be shocked by her father's death.
B: I think it will take a long time for her to (　　) it. He was such a good father to her.

1 keep up　　**2** get over　　**3** run across　　**4** take with

(8) In (　　) of all the troubles they had, they successfully completed the project to make a new bridge in Vietnam.

1 case　　**2** front　　**3** place　　**4** spite

(9) A: Joan hasn't been getting along well with Pat recently. What should I do?
B: Everyone (　　) hard times with friends. Why don't you wait for a while and see what happens?

1 breaks with　　　　**2** goes through
3 takes in　　　　　　**4** counts on

(10) Melissa needed to call home but all the pay phones at the station were in (　　). She wished she had not forgotten her cell phone.

1 place　　**2** tears　　**3** use　　**4** hand

8. 動 〜を延期する

(6) **訳** A：新しいジャケット，僕に似合ってる？
B：うーん，良いジャケットだけれど，その緑のシャツとは合わないわ。ジャケットかシャツのどちらかを替えるべきよ。

解答

解説 **1** work in「～に入れ込む」，**2** show off「～を見せびらかす」，**3** take up「～を取り上げる」，**4** go with「～と調和する，釣り合う」。

(7) **訳** A：メラニーにはまだ，父親が亡くなったことによるショックがあるようだ。
B：彼女がそのことから立ち直るのには長い時間がかかると思う。彼女にはとても優しい父親だったから。

解答

解説 **1** keep up「～を維持する」，**2** get over「（病気・悲しみなど）から立ち直る，（困難・恐怖など）に打ち勝つ」，**3** run across「～に偶然出会う」，**4** take with は熟語としての意味は特にない。

(8) **訳** 遭遇したあらゆる困難にもかかわらず，彼らはベトナムに新しい橋を造る事業を成功裏に完了した。

解答 4

解説 **1** in case of「～の場合に備えて」，**2** in front of「～の前に」，**3** in place of「～の代わりに」，**4** in spite of「～にもかかわらず」。

(9) **訳** A：最近ジョーンはパットとあまりうまくいっていないの。どうしたらいいかしら。
B：誰でも友人との難しい時期を経験するものだよ。しばらく成り行きを見守ったらどうだい？

解答

解説 **1** break with「～と絶交する」，**2** go through「（苦しさなど）を経験する」，**3** take in「～を取り入れる」，**4** count on「～を当てにする」。get along (well) with「～と（とても）仲良くやっていく」。

(10) **訳** メリッサは家に電話する必要があったのだが，駅の公衆電話はすべて使用中だった。自分の携帯電話を忘れさえしなかったらなあと，彼女は思った。

解答

解説 **1** in place「あるべき場所に」，**2** in tears「涙を浮かべて」，**3** in use「使用中で」，**4** in hand「手にして，支配して」。第２文は仮定法過去完了である。

9. display

(11) Fran is very good at sports. She's having difficulty keeping her balance on the ice now, but I'm sure she will learn to skate well ( ).

1 before long   2 at the moment
3 to her regret   4 so far

(12) Mr. Yamashita wants his son Hiroshi to ( ) his business when he retires but Hiroshi wants to keep his job as a researcher.

1 bring in   2 live as   3 catch on   4 take over

(13) A: Thank you very much for your help. I wonder how I can repay you.
B: Don't worry about it. I don't want anything ( ). I did it for you because you're my friend.

1 for sure   2 in return   3 as well   4 without fail

(14) Jimmy was born in the United States but ( ) in Japan, so he can speak and write Japanese better than English.

1 brought up   2 carried through
3 put over   4 turned off

(15) For detailed information about how to set your machine to record TV programs, please ( ) pages 34-36 of the user's manual.

1 account for   2 long for   3 amount to   4 refer to

(11) 訳 フランはスポーツがとても得意だ。彼女は今，氷の上でバランスを取るのに苦労しているが，間もなく上手にスケートを滑るようになると私は確信している。

解答

解説 **1** before long「間もなく，やがて」，**2** at the moment「現在，ちょうど今」，**3** to *one's* regret「残念なことに」，**4** so far「今までのところ」。before long「長くなる前に」→「間もなく」ということ。

(12) 訳 ヤマシタ氏は自分の引退後は息子のヒロシに自分の商売を継いでほしいのだが，ヒロシは研究者としての自分の仕事を続けたいと思っている。

解答

解説 **1** bring in「〜を持ち込む，導入する」，**2** live as「〜として生きる」，**3** catch on (to)「(〜を)理解する」，catch on (with)「(〜に)人気を得る」，**4** take over「〜を引き継ぐ」。

(13) 訳 A：助けてくれて本当にありがとう。どうやってお返しすればいいかしら。
B：そのことは気にしないで。お返しは何もいらないよ。君は僕の友人だからやったんだよ。

解答

解説 **1** for sure「確かに」，**2** in return「返礼として」，**3** as well「その上，同様に」，**4** without fail「必ず，確実に」。repay「〜にお返しをする」。

(14) 訳 ジミーはアメリカ合衆国で生まれたが，日本で育ったので，英語よりも日本語の方が上手に話したり書いたりできる。

解答

解説 **1** bring up「〜を育てる」，**2** carry through「〜を成し遂げる」，**3** put over「(考えなど)をうまく伝える，延期する」，**4** turn off「(蛇口など)を止める，(電気など)を消す」。bring up は，問題文のように be brought up「育つ」の形で使用されることが多い。

(15) 訳 テレビ番組を録画するために機械を設定する方法の詳細は，取扱説明書の 34 から 36 ページを参照してください。

解答 4

解説 **1** account for「〜の説明をする」，**2** long for「〜を待ち望む」，**3** amount to「総計で〜に達する」，**4** refer to「(本など)を参照する」。

10. debate

(16) A: Can you close the windows? The road work is so noisy that I can't hear the TV.
B: All the windows are closed. Why don't you (   ) up the volume?

1 go **2** lift **3** turn **4** wake

(17) A: Don't be so angry, and try to be nice to Katie, Rod. She didn't break your toy plane (   ).
B: I know it was just an accident.

1 at random **2** in practice **3** on purpose **4** out of control

(18) The Japanese students I have met are very shy in class. (   ), in my class, if I don't ask them to share their opinions, they stay silent.

1 In full **2** For instance **3** By chance **4** On target

(19) The key to good sales is good marketing, reasonable pricing, and, (   ), a quality product.

1 above all **2** at large **3** in shape **4** in demand

(20) A: James, no matter where you go, don't forget to take my phone number and email address (   ) you need to contact me.
B: OK. I will, mom.

1 at most **2** in case **3** until then **4** with ease

(16) 訳 A：窓を閉めてもらえる？ 道路工事がすごくうるさくてテレビが聞こえないよ。
B：窓は全部閉まっているわ。音量<u>を上げ</u>たらどう？

解答 **3**

解説 **1** go up「〜を登る」，**2** lift up「〜を持ち上げる」，**3** turn up「(テレビの音量，ガス，火など)を強くする」，**4** wake up「〜を起こす」。

(17) 訳 A：そんなに怒らないで，ケイティに優しくして，ロッド。<u>わざと</u>あなたのおもちゃの飛行機を壊したわけじゃないのよ。
B：ただの事故だったと分かっているよ。

解答 **3**

解説 **1** at random「無作為に」，**2** in practice「実際には」，**3** on purpose「わざと，故意に」，**4** out of control「制御不能で」。Bが ... it was just an accident と言っていることがヒントになる。

(18) 訳 私がこれまで会った日本人の学生は，授業中はとても引っ込み思案だ。<u>例えば</u>，私の授業では，私が意見を述べるよう求めなければ，彼らは黙ったままである。

解答 **2**

解説 **1** in full「全部，完全に」，**2** for instance「例えば」，**3** by chance「偶然に」，**4** on target「目標に近づいて，予想通り」。

(19) 訳 好売り上げの鍵は，良いマーケティング，妥当な価格付け，そして<u>何よりも</u>，良質な製品である。

解答 **1**

解説 **1** above all「何よりも，とりわけ」，**2** at large「自由の身で，全体として」，**3** in shape「体調が良くて」，**4** in demand「需要がある」。

(20) 訳 A：ジェームズ，あなたはどこに行くにしても，私と連絡を取る必要が出てくる<u>場合に備えて</u>，私の電話番号とEメールアドレスを忘れずに持って行くように。
B：分かった。そうするよ，母さん。

解答 **2**

解説 **1** at most「多くても，せいぜい」，**2** in case「〜の場合に備えて」，**3** until then「その時まで」，**4** with ease「容易に」。

11. attempt

(21) A: We practiced so hard but it was all (　　).
B: I don't think so. It was a close game and our chances of winning next time are much better.

1 in vain
2 with pleasure
3 at a distance
4 off duty

(22) The project seems to be very well planned but I think it is impossible to carry it (　　) due to a lack of money.

1 away　　2 around　　3 in　　4 out

(23) Greg didn't swim (　　) because it was just after he had recovered from being sick and had gotten out of the hospital.

1 for good　　2 for long　　3 on top　　4 on foot

(24) We talked for hours but did not (　　) any good ideas. We decided that each of us would consider the problem and meet again the next Friday.

1 look down on
2 do away with
3 come up with
4 take away from

(21) **訳** A：私たちはあんなに一生懸命練習したけど，全くの<u>無駄</u>だったね。
B：そうは思わないわ。接戦だったし，次に私たちが勝てる可能性は，はるかに高まっているわよ。

解答 1

解説 **1** in vain「無駄に，効果なく」，**2** with pleasure「喜んで，快く」，**3** at a distance「少し離れて」，**4** off duty「勤務時間外で」。BがAに反論していることから，Aが何を言ったのかを判断する。a close game「接戦」。

---

(22) **訳** そのプロジェクトはとても良く計画されているようだが，資金不足で，<u>実行する</u>ことは不可能だと私は思う。

解答 4

解説 **1** carry away「(暴風・洪水などが)～をさらって行く」，**2** carry around「～を持ち歩く」，**3** carry in「～を持ち込む」，**4** carry out「～を実施する」。due to「～のせいで，～のために」。

---

(23) **訳** グレッグは病気から回復して退院したばかりだったので，<u>長い時間</u>は泳がなかった。

解答 2

解説 **1** for good「永久に」，**2** for long「長い間」，**3** on top「上に，勝って」，**4** on foot「歩いて」。for long は通常否定文や疑問文で用いる。because 以下の内容から空所に入る語句の意味を推測する。

---

(24) **訳** 私たちは何時間も話をしたが，良い考え<u>は思い浮かば</u>なかった。私たちは，それぞれが問題についてよく考え，次の金曜日に再度会合することを決めた。

解答 3

解説 **1** look down on「～を見下す」，**2** do away with「～を捨てる，廃止する」，**3** come up with「～を思いつく」，**4** take away from「～の価値を減らす」。

12. imply

大問1 短文の語句空所補充
絶対にはずせない文法

1問 35秒

次の（　　）に入れるのに最も適切なものを一つ選びなさい。

(1) Tom (　　) his house for five hours when he realized it was too dark to continue the work.
1 is painting
2 has been painting
3 had been painting
4 will have been painting

(2) Mr. Brown suggested that Patricia Smith (　　) to the marketing department. He said her technical knowledge would be helpful in making advertisements.
1 be transferred
2 will transfer
3 to be transferred
4 is transferring

(3) Ryan heard a strange noise while he was driving his car, so he took it to a garage to get it (　　).
1 repair
2 to repair
3 repairing
4 repaired

(4) When Chris entered the restaurant, he remembered (　　) there before. While eating a hamburger, he realized that his father had taken him there when he was a small boy.
1 is
2 to be
3 to have been
4 having been

(5) A: Would you mind (　　) to the party with me, Clara?
B: No, not at all, Rick. I'm also looking for someone to go with.
1 go
2 going
3 to go
4 gone

(6) A: I tried to download some software but I couldn't. I wonder if you (　　) me.
B: Sure. I'll take a look at your computer after lunch.
1 have helped
2 could help
3 helped
4 are to help

12. 動～を暗示する

38

大問1 短文の語句空所補充

(1) **訳** 暗過ぎて作業を続けられなくなっていることに気付いた時には，トムは自分の家のペンキ塗りを5時間ずっと続けていた。　**解答 3**
解説 when he realized ... と過去形で表される時点までに，5時間（ペンキ塗りを）継続していたということなので，過去完了進行形を選ぶ。

(2) **訳** ブラウン氏はパトリシア・スミスをマーケティング部に異動させることを提案した。彼女の技術的な知識が広告を制作するのに役立つだろうと，彼は言った。　**解答 1**
解説 suggest that ...「…してはどうかと提案する」の that 節内の述部は，動詞の原形または〈should＋動詞の原形〉になる。be 動詞の場合は，原形の be または should be という形になる。

(3) **訳** ライアンは自分の車を運転している最中に変な音が聞こえたので，車を修理してもらいに修理工場に持って行った。　**解答 4**
解説 get O done「O を〜してもらう」の形。目的語の it は his car を指し，車が「修理される」と受け身の意味となるので，過去分詞が当てはまる。

(4) **訳** クリスはそのレストランに入った時，以前そこに来た記憶があった。ハンバーガーを食べている間に，彼が小さかった頃，父親がそこに連れてきたことがあったことに気付いた。　**解答 4**
解説 remember *doing* で「〜したのを覚えている」の意味になる。remember having *done* では「(以前) 〜したことがある」という経験の意味が強調される。従って，正解は **4** having been になる。remember to *do* は「忘れずに〜する」の意味になるので 2，3 は不正解。

(5) **訳** A：僕と一緒にパーティーに行ってもらえませんか，クララ？
B：ええ，いいわよ，リック。私も一緒に行く人を探していたところだったの。　**解答 2**
解説 Would[Do] you mind *doing* ...? で「〜してもらえませんか」という依頼表現。mind は「〜するのを嫌だと思う」という意味なので，依頼を承諾する時は，「嫌ではない」という意味で，No, not at all. や Of course not. など，否定語を含む表現で応じることが多い。

(6) **訳** A：いくつかソフトウェアをダウンロードしようとしたんだけど，うまくいかなかったわ。助けてもらえますか。
B：いいとも。昼食後に君のコンピューターを見てみよう。　**解答 2**
解説 I wonder if you could ...「…してもらえますか」という依頼の表現。B のせりふから A が依頼をしたことが推測できる。

13. amaze

(7) A: When should we leave for the concert?
B: Let's leave as soon as I finish this work. If we wait longer, we'll have trouble (　　) a parking space.
1 being found　**2** finding　**3** found　**4** to be found

(8) Ted didn't like (　　) what to do. The other day he said to his mother that he knew what he should do.
1 to tell　**2** telling　**3** being told　**4** has told

(9) David always carries a laptop computer with him, so he can do his work wherever he goes. Without that computer, he (　　) out of his office so often.
1 does not go　　　　**2** is not going
3 could not go　　　**4** could not have gone

(10) Mr. Cleveland's instructions were very clear and my grades really improved after starting his lessons. I (　　) the university entrance exam if I hadn't taken his course.
1 did not pass　　　　**2** could pass
3 had not passed　　**4** would not have passed

(11) The soup was so good that everyone ate more than one bowl of it. When Nelly went to the pot to get some more, there was nothing (　　) in it.
1 leave　**2** to leave　**3** leaving　**4** left

(12) Lyn received an email from her boss (　　) that the sales meeting had been put off until next Monday.
1 saying　**2** to say　**3** said　**4** to be said

(7) **訳** A：いつコンサートに出掛けたらいいかしら？
B：僕がこの仕事を終わらせ次第，すぐに出掛けよう。それ以上延ばすと，駐車スペースを<u>見つけるのに苦労する</u>ことになるよ。

解答 2

解説 have trouble (in) *doing*「～するのに苦労する」。**1**は受け身なので意味的に不適切。

(8) **訳** テッドは何をすべきか<u>を言われるのが</u>好きではなかった。先日彼は母親に，自分のするべきことは分かっていると言った。

解答 3

解説 like は to *do*, *doing* の両方をとることができるが，2番目の文から**3**のように受け身にしなければ文意が通じない。

(9) **訳** デイビッドは常にノート型パソコンを持ち歩いているので，どこに行っても自分の仕事をすることができる。そのパソコンがなかったら，彼はこれほど頻繁に事務所を留守には<u>できないだろう</u>。

解答 3

解説 without ... は「もし…がなかったら」という仮定の条件を表す。それに対する帰結「～だろう」は，第1文の時制が現在なので，現在の事実と反対のことを表す仮定法過去，could not go が適切。

(10) **訳** クリーブランド先生の指導はとても分かりやすく，彼の授業が始まった後は成績がとても良くなった。私は彼の講座を取らなかったら，大学入試に<u>合格しなかっただろう</u>。

解答 4

解説 if 以下は過去の事実に反する仮定「もし彼の講座を取らなかったとしたら」という仮定法過去完了の条件節。帰結の部分は過去完了 would not have passed「<u>(試験に) 受からなかっただろう</u>」の形を選ぶ。

(11) **訳** スープがとてもおいしかったので，みんながお代わりをした。ネリーがもっと食べようと鍋のところに行った時には，中には何も<u>残って</u>いなかった。

解答 4

解説 正解の **4** left は，過去分詞の形容詞的用法。文脈から，鍋の中には「<u>何も残されていない</u>」(nothing left) となる。

(12) **訳** リンは上司から，営業会議は次の月曜日に延期された<u>と書いてある</u>Eメールを受け取った。

解答 1

解説 正解の **1** saying は現在分詞の形容詞的用法。この場合の say は，手紙やメールを主語に取って「～と書いてある」という意味。an email saying that ...「<u>…という内容が書いてあるEメール</u>」。

14. conduct

大問 1　短文の語句空所補充
押さえておきたい単語

1問 35秒

次の（　）に入れるのに最も適切なものを一つ選びなさい。

(1) In her speech, the principal (　　) the school baseball team for having played such a close game against last year's champion team even though they lost.

　1 asserted　　**2** deserved　　**3** praised　　**4** referred

(2) At that game, the players wore black ribbons on the sleeves of their uniforms to express their (　　) at the death of their teammate.

　1 favor　　**2** ignorance　　**3** protest　　**4** sorrow

(3) *A:* Many cell phones are thrown away everyday in Japan, but they contain (　　) metals.
B: Yes, it's a big problem. The government should establish a recycling system to reuse these metals.

　1 subtle　　**2** glorious　　**3** fragile　　**4** precious

(4) The last man we interviewed had good sales experience and could speak and write in Chinese. All of us thought he was well (　　) for the job.

　1 qualified　　**2** limited　　**3** resembled　　**4** delayed

(5) Jim thinks that before you start writing your report, you should make a trip to your local library first to collect (　　) on your subject.

　1 agriculture　　**2** classification　**3** literature　　**4** techniques

14. 動 〜を実施する

(1) **訳** 校長はスピーチの中で，昨年の優勝チーム相手に，負けはしたものの接戦を繰り広げた自校の野球チームを褒めたたえた。 **解答 3**

解説 1 assert「～を断言する」，2 deserve「～に値する」，3 praise「～を褒める」，4 refer「～を差し向ける」。praise A for B「Bの理由でAを賞賛する」。

(2) **訳** その試合では，選手たちはチームメイトの死に対する悲しみを表すために，ユニフォームの袖に黒いリボンを付けた。 **解答 4**

解説 1 favor「好意」，2 ignorance「無知」，3 protest「抗議」，4 sorrow「悲しみ」。

(3) **訳** A：日本では毎日多くの携帯電話が捨てられているけれど，その中には貴重な金属が含まれているのよ。 **解答 4**
B：ああ，それは大きな問題だよ。こうした金属を再利用するためのリサイクルシステムを，政府は確立しなければならないね。

解説 1 subtle「希薄な」，2 glorious「栄光の，輝かしい」，3 fragile「壊れやすい」，4 precious「貴重な」。Bのせりふから，どのような金属であるかを推測する。throw away「～を捨てる」。

(4) **訳** 最後に面接した男性は相当な営業の経験があり，中国語を話したり書いたりすることができた。われわれの全員が，彼はまさにその職に適任であると考えた。 **解答 1**

解説 1 qualify「～に適させる」，2 limit「～を制限する」，3 resemble「～に似ている」，4 delay「～を延期する」。be qualified for「～に適任である，～の資格がある」。

(5) **訳** レポートを書く前には，まず地元の図書館へ行き，自分のテーマに関する文献を集めるべきだとジムは思っている。 **解答 3**

解説 1 agriculture「農業」，2 classification「分類」，3 literature「文献，文学」，4 technique「技法」。

大問1　短文の語句空所補充

15. dedicate

(6) At first Takashi felt too afraid to dive from the highest diving board, but he gathered his (　　), climbed to the top, and dived into the water.

1 attendance　　**2** courage　　**3** preparation　　**4** suspicion

(7) In order to (　　) this difficult problem, we must work closely together, not only within this department but with the whole office.

1 hire　　**2** conflict　　**3** overcome　　**4** reject

(8) It is (　　) that about 40% of the total population of Japan will be 65 years old or older in the year 2050.

1 searched　　　　　　**2** estimated
3 distinguished　　　　**4** reserved

(9) Richard thought it was difficult to understand how the new product worked only from the text, so he added (　　) to the document to give to his clients.

1 candidates　　**2** variations　　**3** mixtures　　**4** illustrations

(10) Though giving chocolate or various kinds of gifts on St. Valentine's Day is practiced in many countries, the custom of White Day is (　　) to East Asia.

1 ancient　　**2** cruel　　**3** typical　　**4** unique

(6) 訳 タカシは最初，一番高い飛び板からは怖くて飛び込めなかったが，勇気を振り絞って上まで登り，水に飛び込んだ。

解答 **2**

解説 1 attendance「出席」，2 courage「勇気」，3 preparation「準備」，4 suspicion「疑念」。gather *one's* courage「勇気を奮い起こす」。

(7) 訳 この難題を克服するためには，部内だけではなく会社全体が密接に連携しなければならない。

解答 **3**

解説 1 hire「〜を雇う」，2 conflict「争う」，3 overcome「〜を克服する」，4 reject「〜を断る」。空所直後には目的語が続いているので，自動詞のconflictは除外できる。

(8) 訳 2050年には，日本の全人口の約40％が65歳以上になると推測されている。

解答 **2**

解説 1 search「〜を捜査する」，2 estimate「〜を推定する，見積もる」，3 distinguish「〜を区別する」，4 reserve「〜を予約する」。It is estimated that ...「…と推測されている」。

(9) 訳 リチャードは，文面からだけではその新製品がどのように作動するのかを理解してもらうのは難しいと考え，顧客に渡す書類にイラストを付け加えた。

解答 **4**

解説 1 candidate「候補者」，2 variation「変化」，3 mixture「混合物」，4 illustration「イラスト，図解」。add A to B「A を B に付け加える」。

(10) 訳 バレンタインデーにチョコレートやいろいろな贈り物を贈ることは多くの国で行われているが，ホワイトデーの習慣は東アジアに特有のものである。

解答 **4**

解説 1 ancient「古代の」，2 cruel「残酷な」，3 typical「典型的な」，4 unique「特有の」。unique to「〜に特有の，独自の」。

16. respond

(11) A: What kind of cake do you eat in the U.S. on Christmas Day, Dave?
B: Actually, Yuka, we (　　) don't eat cake on Christmas Day. My family usually makes cookies.

1 bravely　　**2** fortunately　　**3** generally　　**4** rapidly

(12) Because the students' English skills have not improved very much, I think we should try a different (　　) to teaching them.

1 prediction　　**2** advancement　　**3** linguistics　　**4** approach

(13) Not only is Mr. Yamada a successful business man, but he has also made a great (　　) to the development of tourism in the area.

1 contribution　　**2** industry　　**3** punishment　　**4** revolution

(14) Takumi practiced swimming at the city's swimming pool every day, and finally (　　) his goal of swimming one kilometer without a rest on the last day of the summer holidays.

1 achieved　　**2** abused　　**3** earned　　**4** observed

(15) A: Do you think we should tell Mr. Jenkins that the client didn't like his proposal?
B: Yes, but we should do that in an (　　) manner. Otherwise he will get upset.

1 extreme　　**2** appropriate　　**3** irregular　　**4** offensive

(11) 訳　A：アメリカではクリスマスの日にどんな種類のケーキを食べるの，デイブ？
B：実はね，ユカ，一般にクリスマスの日にケーキは食べないんだよ。僕の家では普通クッキーを作るんだ。

解答 **3**

解説　1 bravely「勇敢に」，2 fortunately「幸運にも」，3 generally「一般に，たいてい」，4 rapidly「急速に」。

---

(12) 訳　生徒の英語力がそれほど向上していないので，彼らに教えるのに，われわれは別のやり方を試すべきだと私は思う。

解答 **4**

解説　1 prediction「予測」，2 advancement「前進」，3 linguistics「言語学」，4 approach「やり方，取り組み方」。

---

(13) 訳　ヤマダ氏はビジネスマンとして成功しているのみならず，その地域の観光開発にも大いに貢献した。

解答 **1**

解説　1 contribution「貢献」，2 industry「産業，工業」，3 punishment「罰」，4 revolution「革命」。make a contribution to[toward(s)]「～に貢献する」。

---

(14) 訳　タクミは毎日市営プールで水泳の練習をし，ついに夏休みの最後の日に，1キロメートル休まずに泳ぐという目標を達成した。

解答 **1**

解説　1 achieve「～を達成する」，2 abuse「～を悪用する」，3 earn「～を稼ぐ」，4 observe「～を観察する」。achieve one's goal で「目標を達成する」の意味。

---

(15) 訳　A：得意先はジェンキンズさんの提案を気に入らなかったと，私たちは彼に知らせるべきかしら？
B：ああ，でも適切な方法でやるべきだ。さもないと，彼は怒ってしまうだろう。

解答 **2**

解説　1 extreme「極端な」，2 appropriate「適切な」，3 irregular「不規則な」，4 offensive「不快な，無礼な」。空所後の manner は「やり方，方法」の意味。get upset「動揺する，取り乱す」。

---

17. praise

(16) The president has decided that all company employees should learn English conversation because he believes that a (   ) of language skills will be a serious problem when they expand their business to foreign countries.

1 pause   **2** lack   **3** mission   **4** resource

(17) Despite all the (   ) he had had, such as injuries and bad press, Paul Kingston said he had fully enjoyed his last 20 years as a professional baseball player.

1 traditions   **2** biographies   **3** hardships   **4** vitalities

(18) It was (   ) that the boy wanted to join the game, so Joe and his friends invited him to play soccer with them.

1 apparent   **2** informal   **3** jealous   **4** unlikely

(19) *A:* What a big crowd! We didn't expect so many people to come.
B: The hall only has a (   ) of 400, so I doubt if all participants will be able to fit.

1 exhibit   **2** circumstance
3 capacity   **4** interruption

(20) Susan had a hard time (   ) her parents to let her go to a university far from her hometown. She even asked her high school teacher to talk to them.

1 pointing   **2** persuading   **3** protesting   **4** prohibiting

(16) 🈳 社長は全従業員に英会話を学ばせることを決めた。なぜなら，会社がそのビジネスを外国に拡張する際に，語学力の欠如は深刻な問題になると，社長は考えているからである。
解答 **2**

解説 **1** pause「休止」，**2** lack「欠如」，**3** mission「任務」，**4** resource「資源」。expand *one's* business to「（企業が）～に事業を拡張する」。

---

(17) 🈳 けがや報道での悪評といったこれまで遭遇してきたあらゆる苦難にもかかわらず，ポール・キングストンはプロ野球選手としてのこれまで20年間を大いに楽しんだと語った。
解答 **3**

解説 **1** tradition「伝統」，**2** biography「伝記」，**3** hardship「苦難」，**4** vitality「活力」。

---

(18) 🈳 その少年が試合に加わりたいことは明らかだったので，ジョーと彼の友人は一緒にサッカーをしようと彼を誘った。
解答 **1**

解説 **1** apparent「明らかな」，**2** informal「形式ばらない」，**3** jealous「嫉妬深い」，**4** unlikely「ありそうもない」。It ~ that ... 構文で，空所に入る形容詞は that 節の内容を形容している。

---

(19) 🈳 A：すごい人混みだね！ こんなに多くの人が来るとは思わなかったよね。
　　　B：ホールは400人の収容能力しかないから，参加者全員が入れるか疑問だわ。
解答 **3**

解説 **1** exhibit「展示」，**2** circumstance「状況」，**3** capacity「収容能力」，**4** interruption「妨害」。文脈から400は人数を表していると読み取ろう。

---

(20) 🈳 スーザンは故郷の街から遠く離れた大学に入学させてくれるよう両親を説得するのに苦労した。彼女は高校の先生に両親に話をしてくれるよう頼みさえもした。
解答 **2**

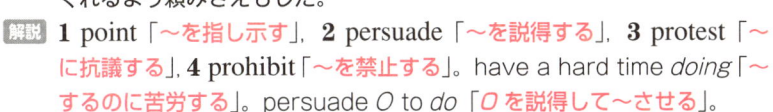

解説 **1** point「～を指し示す」，**2** persuade「～を説得する」，**3** protest「～に抗議する」，**4** prohibit「～を禁止する」。have a hard time *doing*「～するのに苦労する」。persuade O to do「O を説得して～させる」。

18. qualify

(21) A: How about this blue shirt, Glen?
B: This is (　　) what I was looking for, Jane! Where did you find it?

1 considerably　**2** exactly　**3** hesitantly　**4** slightly

(22) The professor's explanation about the importance of the event in American history was so (　　) that most of the students in the class could not clearly understand it.

1 faithful　**2** magnetic　**3** serious　**4** vague

(23) Many people believe that there are creatures living on other planets, but we have not found any clear (　　) that they actually exist.

1 evidence　**2** profile　**3** forecast　**4** trend

(24) A: Excuse me, could you (　　) a good restaurant where we can try some local foods?
B: Certainly. How about Jean's Fishing Boat near here? They serve dishes made from fresh seafood.

1 assist　**2** enroll　**3** instruct　**4** recommend

(25) A: I thought you were going to come to the New Year party, Yvonne.
B: I had every (　　) of going, but I caught a cold and stayed in bed.

1 occupation　**2** satisfaction　**3** intention　**4** suggestion

(21) **訳** A：この青いシャツはどう，グレン？
B：これはまさに僕が探していたものだよ，ジェーン！　どこで見つけたの？

解答 2

解説 1 considerably「かなり」，2 exactly「まさに，ちょうど」，3 hesitantly「ためらって」，4 slightly「わずかに」。

(22) **訳** アメリカ史における，その出来事の重要性に関する教授の説明はあまりにもあいまいだったので，クラスの学生の大部分は明確に理解することができなかった。

解答 4

解説 1 faithful「忠実な」，2 magnetic「磁石の，人を引きつける」，3 serious「真剣な」，4 vague「あいまいな」。問題文は so ～ that ... 構文「あまりにも～なので…」である。

(23) **訳** ほかの惑星に生物が生存していると多くの人は信じているが，実際に存在しているという明確な証拠はまだ何も見つかっていない。

解答 1

解説 1 evidence「証拠」，2 profile「横顔」，3 forecast「予測」，4 trend「動向，流行」。

(24) **訳** A：すみません，地元の食べ物を食べてみることができる，良いレストランを薦めていただけませんか。
B：承知いたしました。ここの近くのジーンズ・フィッシング・ボートはいかがでしょうか。新鮮な魚介類を使った料理が出されます。

解答 4

解説 1 assist「～を手伝う」，2 enroll「～を入会させる」，3 instruct「～に指示する」，4 recommend「～を推薦する」。

(25) **訳** A：新年会にあなたは来ると思っていたんだけど，イボンヌ。
B：絶対に行くつもりだったんだけど，風邪をひいて寝込んでいたの。

解答 3

解説 1 occupation「職業，占領」，2 satisfaction「満足」，3 intention「意図」，4 suggestion「示唆，提案」。have every intention of *doing*「何としても～しようと思う」。

19. overcome

(26) A: I'm on a diet but I can't (　　) having this chocolate cake. It looks so delicious!
B: Why don't you take a small piece? It doesn't really matter.

1 commit　　**2** offer　　**3** resist　　**4** surrender

(27) While he was in the third year of university, Jimmy sent (　　) to a number of companies, and he was invited to an interview by three of them.

1 applications　**2** contracts　**3** investments　**4** promises

(28) The number of CD stores has been (　　) over the last ten years. One reason is that more and more people are buying music through the Internet.

1 curving　　**2** declining　　**3** expanding　　**4** settling

(29) A: Have the parts I ordered to fix the air conditioner arrived yet?
B: Maybe. Are they in that package? It was (　　) this morning.

1 delivered　　**2** inherited　　**3** imposed　　**4** united

(30) When a country is growing economically, there is a strong (　　) for people to move from rural areas to cities to get jobs.

1 animation　　**2** percentage　　**3** reaction　　**4** tendency

(26) 【訳】A：私はダイエット中なんだけど，このチョコレートケーキは食べずにはいられないわ。とてもおいしそう！
B：小さいのを1つ食べたら？ そのくらいならどうってことないよ。

【解答】3

【解説】1 commit「(犯罪など)を犯す，～を委ねる」，2 offer「～を提案する」，3 resist「～を我慢する，～に抵抗する」，4 surrender「～を譲り渡す，断念する」。be on a diet「ダイエットをしている」。can't resist *doing*「～せずにはいられない」。

(27) 【訳】大学の3年生の間に，ジミーは数多くの会社に願書を送り，そのうちの3社から面接に呼ばれた。

【解答】1

【解説】1 application「願書，申込書」，2 contract「契約(書)」，3 investment「投資(金)」，4 promise「約束」。問題文中の interview は「面接(試験)」の意味。

(28) 【訳】CD店の数は過去10年にわたり減少し続けている。1つの理由は，ますます多くの人々がインターネットで音楽を買うようになってきているということである。

【解答】2

【解説】1 curve「曲がる」，2 decline「減少する，下落する」，3 expand「拡大する」，4 settle「落ち着く」。

(29) 【訳】A：私が注文したエアコンを修理する部品はもう届いたかい？
B：おそらく。あの包みの中かな？ 今朝，配達されてきたよ。

【解答】1

【解説】1 deliver「～を配達する」，2 inherit「～を受け継ぐ」，3 impose「～を課す」，4 unite「～を結びつける」。

(30) 【訳】国が経済的に成長している時には，人々は仕事を得るために田舎から都市部に移住する傾向が強い。

【解答】4

【解説】1 animation「生き生きさせること，元気」，2 percentage「割合」，3 reaction「反応」，4 tendency「傾向」。

20. estimate

(31) A: Johnny, I heard you (   ) in the marathon last Saturday. How did you do?
B: It was quite tough, but I managed to complete the race.

1 calculated   **2** participated   **3** vanished   **4** stretched

(32) There will be a meeting tomorrow morning to discuss how we should deal with the problem, so your schedules need to be changed (   ).

1 accordingly   **2** currently   **3** proudly   **4** truthfully

(33) Jason had never been to Tokyo. He had a few (   ) there but no close friends who could help him start a new life.

1 acquaintances   **2** passengers
3 representatives   **4** specialists

(34) A: Joan, could you work overtime and help me finish the report? I have to (   ) it to the boss tomorrow.
B: Sure. No problem.

1 delete   **2** fascinate   **3** ruin   **4** submit

(35) A: I can't believe I passed the exam! I'm so lucky.
B: I don't think you were lucky. It's the (   ) of your efforts. I know how hard you have worked these past months.

1 angle   **2** acknowledgment
3 outcome   **4** surgery

(31) 訳 A：ジョニー，先週の土曜日，マラソンに参加したらしいね。どうだったの？
B：すごく大変だったけど，何とか完走したよ。

解答 **2**

解説 **1** calculate「計算する」，**2** participate「参加する」，**3** vanish「消える」，**4** stretch「手足を伸ばす」。participate in「～に参加する」。manage to do「何とか～する」。

---

(32) 訳 その問題にどう対処するべきかを話し合う会議が明日の朝あるので，皆さんのスケジュールもそれに合わせて変更しなければなりません。

解答 **1**

解説 **1** accordingly「それに従って」，**2** currently「現在は」，**3** proudly「得意げに」，**4** truthfully「正直に」。deal with「～に対処する，～を扱う」。

---

(33) 訳 ジェイソンは東京に行ったことがなかった。そこには数人の知人はいたが，新生活を始めるのを助けてくれる親しい友人はいなかった。

解答 **1**

解説 **1** acquaintance「知り合い，顔見知り」，**2** passenger「乗客」，**3** representative「代表者」，**4** specialist「専門家」。空所後に but no close friends ... と続いている文脈に沿った語を選ぼう。

---

(34) 訳 A：ジョーン，残業をしてレポートを終わらせるのを手伝ってもらえますか。明日，上司に提出しなければならないんです。
B：ええ，いいですよ。

解答 **4**

解説 **1** delete「～を削除する」，**2** fascinate「～を魅惑する」，**3** ruin「～を破壊する」，**4** submit「～を提出する」。

---

(35) 訳 A：試験に合格したなんて信じられない！ すごくついているわ。
B：ツキのおかげじゃないと思うよ。君の努力の成果だよ。君がここ何カ月も，どれだけ勉強してきたかを私は知っているから。

解答 **3**

解説 **1** angle「角度」，**2** acknowledgment「承認，認識」，**3** outcome「結果，成果」，**4** surgery「手術」。Bの発言の文脈から，空所を推測しよう。

---

21. achieve

大問1 短文の語句空所補充
押さえておきたい熟語

1問 35秒

次の（　　）に入れるのに最も適切なものを一つ選びなさい。

(1) The man hit by the car was taken to the nearby hospital. Unfortunately there were no doctors (　　) then so he was sent to another hospital.

1 in public　　**2** out of date　　**3** on duty　　**4** as usual

(2) *A:* I didn't know Maurice is Claude's son.
B: He doesn't look like Claude very much but he (　　) his father in many ways.

1 backs up　　**2** depends on　　**3** stands out　　**4** takes after

(3) *A:* Did you see Frank?
B: He just (　　) by this table. He didn't seem to realize I was sitting here.

1 passed　　**2** brought　　**3** gave　　**4** came

(4) The boss said that the meeting on Monday morning had been (　　) because the president could not come back from the business trip due to bad weather.

1 checked out　　**2** called off　　**3** taken back　　**4** turned away

(5) *A:* Do you earn a lot by playing the guitar?
B: Oh, no, nothing. I am just playing it (　　). My play is far from that of professional guitarist's.

1 by hand　　**2** for fun　　**3** in effect　　**4** at first

(1) 訳 車にはねられた男性はすぐ近くの病院に運ばれた。あいにくその時は勤務中の医者がいなかったので，男性は別の病院へ送られた。

解答 **3**

解説 **1** in public「公然と，人前で」，**2** out of date「時代遅れで」，**3** on duty「勤務時間中で，当番で」，**4** as usual「いつも通り」。

(2) 訳 A：モーリスがクロードの息子だとは知らなかったよ。
B：彼は見た目はあまりクロードに似ていないんだけれど，多くの点で父親に似ているんだ。

解答 **4**

解説 **1** back up「～を支える，裏付けする」，**2** depend on「～に依存する」，**3** stand out「突き出る，目立つ」，**4** take after「～に似ている」。look like は「(外見が)～に似ている」という意味。

(3) 訳 A：フランクを見たかい？
B：たった今，このテーブルの横を通って行ったわよ。私がここに座っているのに気付かなかったみたいだったわ。

解答 **1**

解説 **1** pass by「～のそばを通る，通り過ぎる」，**4** come by「立ち寄る」。by は「～のそばに，近くに」という意味を表す前置詞。**2，3** は by とは熟語を作らない。

(4) 訳 悪天候のため，社長が出張から戻れないので，月曜日の午前中の会議は中止になったと，上司は言った。

解答 **2**

解説 **1** check out「～をよく調べる，借り出す」，**2** call off「～を中止する」，**3** take back「～を取り戻す，返品する」，**4** turn away「～をそらす，退ける」。

(5) 訳 A：ギターの演奏でたくさん稼いでいるの？
B：いや，全く稼いではいないよ。遊びで弾いているだけだから。僕の演奏はプロのギタリストには遠く及ばないよ。

解答 **2**

解説 **1** by hand「手で」，**2** for fun「遊びで，楽しみのために」，**3** in effect「事実上」，**4** at first「当初」。

22. persuade

(6) Tomoko went to City Hall and asked when the water would come back on but no one seems to know (　　) when.

1 by air
2 in trouble
3 out of curiosity
4 for certain

(7) When my car broke down in the countryside, I had to walk for hours in the dark. Finally, I saw the light of a house (　　).

1 in the distance
2 around the country
3 on the move
4 over the top

(8) *A:* I heard Tim went to the top of Mt. Fuji and came down in a day.
B: (　　) he looked so tired out.

1 In principle　2 By degrees　3 No wonder　4 At any rate

(9) The mother (　　) when she met her son in the hospital. He had been rescued from a big fire at an office building and had been brought there.

1 lost her way
2 burst into tears
3 took her word
4 made an attempt

(10) Satoru bought a cheap DVD player at a secondhand store but it soon broke. He ended (　　) paying a lot more money for a new DVD player.

1 up　　2 down　　3 over　　4 under

(6) 【訳】トモコは市役所に行き，いつ水道が復旧するのか尋ねたが，いつになるかをはっきりと分かっている人はいないようだった。 【解答】4

【解説】1 by air「飛行機で，無線で」，2 in trouble「困難な状態で」，3 out of curiosity「好奇心から」，4 for certain「はっきりと，確実に」。

(7) 【訳】田舎で車が故障した時，私は暗闇の中を何時間も歩かなければならなかった。最終的に，遠くに家の光が見えた。 【解答】1

【解説】1 in the distance「遠方に」，2 around the country「国中で」，3 on the move「活発で，多忙で」，4 over the top「過度に」。break down は「故障する」の意味。

(8) 【訳】A：ティムは1日で富士山の頂上に行って，下山してきたそうだよ。
B：道理であんなに疲れ切っていたわけね。 【解答】3

【解説】1 in principle「原則として」，2 by degrees「次第に」，3 no wonder「～も不思議ではない，無理はない」，4 at any rate「とにかく，いずれにせよ」。

(9) 【訳】病院で息子と会った時，母親はわっと泣き出した。彼はオフィスビルの大火事から救出され，そこに運ばれて来たのだった。 【解答】2

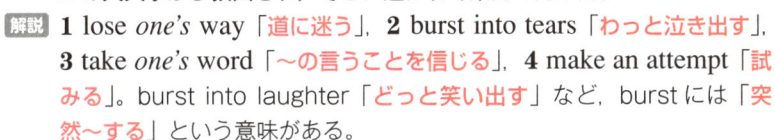

【解説】1 lose *one's* way「道に迷う」，2 burst into tears「わっと泣き出す」，3 take *one's* word「～の言うことを信じる」，4 make an attempt「試みる」。burst into laughter「どっと笑い出す」など，burst には「突然～する」という意味がある。

(10) 【訳】サトルは中古品店で安いDVDプレーヤーを買ったが，すぐに壊れた。結局，新しいDVDプレーヤーを買うのにずっと多くのお金を支払う羽目になった。 【解答】1

【解説】1 end up *doing*「結局～することになる」。そのほかの選択肢は end と組み合わせて作る熟語はない。

23. recommend

(11) The sound of a train running on rails reminds Nelly ( ) her childhood. Her father was a railroad worker and her house was near the railroad line.

  1 by **2** from **3** of **4** through

(12) A: I was impressed to see Zack speak Chinese so fluently. I know he also speaks French very well.
B: Well, I don't like him very much, because he always ( ) his skills.

  1 brings down **2** majors in **3** picks at **4** shows off

(13) Many Japanese people take it for ( ) that they can easily get drinking water but this is not necessarily true in many parts of the world.

  1 sure **2** example **3** ever **4** granted

(14) When it ( ) the Beatles, nobody is a bigger fan than Takeshi. I think he has every version of every song of theirs in his music library.

  1 comes to **2** turns down **3** picks on **4** bets on

(15) Mr. Jackson worked for a restaurant but he could not earn enough for his family to live ( ), so his wife decided to get a job.

  1 at **2** in **3** on **4** up

(11) **訳** 列車がレールを走る音は，ネリーに子ども時代を思い出させる。彼女の父親は鉄道員で，彼女の家は鉄道路線の近くにあったのだ。
解答 3
解説 3 remind A of B「AにBを思い出させる」。remind O to do「O（人）に～することを気付かせる」や remind O that ...「O（人）に…ということを気付かせる」といった用法も重要。

(12) **訳** A：ザックが中国語をとても流ちょうに話すのを見て，感心したよ。彼はフランス語もとても上手に話せるのを知っているから。
B：うーん，私は彼のことがあまり好きではないな。彼はいつも自分の能力をひけらかすから。
解答 4
解説 1 bring down「～を降ろす」, 2 major in「～を専攻する」, 3 pick at「～をいじくる，～にうるさく言う」, 4 show off「～を見せびらかす」。

(13) **訳** 多くの日本人は飲み水が簡単に手に入るのを当然のことと思っているが，世界の多くの地域では必ずしもこのことは当てはまらない。
解答 4
解説 4 take it for granted that ...「…ということを当然と思う」。not necessarily「必ずしも～ではない」も重要な表現。

(14) **訳** ビートルズのこととなれば，タケシほど熱心なファンはいない。彼は自身の音楽ライブラリーにビートルズの全曲の全バージョンを持っていると私は思う。
解答 1
解説 1 when it comes to「～のことになると，～に関して言えば」, 2 turn down「（音量など）を下げる，（申し出など）を断る」, 3 pick on「（人）をいじめる」, 4 bet on「～に賭ける」。1 以外の選択肢は when it に続けて熟語にはならない。

(15) **訳** ジャクソンさんはレストランで働いていたが，家族が食べていくのに十分な金を稼げなかったので，彼の妻は働くことにした。
解答 3
解説 1 live at「～に住んでいる」, 2 live in「～に住んでいる」, 3 live on「～に依存して生活する，生き続ける」。4 up は, to を続けて, live up to「（期待など）に応える」という意味になる。

24. resist

(16) A: Why do you look so nervous? You are going on your first date with Becky, aren't you?
B: As a (   ) of fact, I've never gone out with a girl before.

1 reality   **2** matter   **3** history   **4** standard

(17) A: I think you should (   ) Fred, Clair. I know you feel upset but it was just an accident and he has apologized.
B: You're right, Ann. I will.

1 get down to   **2** look up to
3 make up with   **4** take account of

(18) Keiko's father is very strict with her. She is (   ) with the situation and has decided to leave home and live alone as soon as she graduates from high school.

1 made fun   **2** taken charge   **3** put up   **4** fed up

(19) Attention, please. The three new members of the student union board are as (   ): Linda Andersen, Jack McCaphy, and Mary Jo Valentine.

1 follows   **2** goes   **3** lists   **4** names

(20) A: I heard Cathy was in the hospital. I wonder if it is all right to visit her.
B: Oh, please do so (   ). She's been very bored there.

1 by all means   **2** in every aspect
3 on the whole   **4** against the law

(16)

訳 A：どうしてそんなに不安そうにしているの？ ベッキーと初めてのデートに行くんじゃないの？
B：実は，今まで女の子とデートしたことがないんだ。

解答 2

解説 2 as a matter of fact「実を言うと，実際は」。新しい情報を述べる前や，相手の誤りを正したりする場合に使う表現。そのほかの選択肢は熟語として成立しない。

(17)

訳 A：フレッドと仲直りするべきよ，クレア。腹が立つのは分かるけど，ただの事故だったんだし，彼も謝ったんだから。
B：あなたの言う通りね，アン。そうするわ。

解答 3

解説 1 get down to「～に本気で取り掛かる」，2 look up to「～を尊敬する」，3 make up with「～と仲直りする」，4 take account of「～を考慮に入れる，～に注意を払う」。

(18)

訳 ケイコの父親は彼女に対してとても厳しい。彼女はその境遇にうんざりしており，高校卒業と同時に家を出て，一人暮らしをすることに決めている。

解答 4

解説 1 make fun (of)「（～を）からかう」，2 take charge (of)「～の世話を引き受ける」，3 put up with「～を我慢する」。4 be fed up with「～に飽き飽きしている」。

(19)

訳 お知らせいたします。学生組合役員会の３人の新しいメンバーは次の通りです。リンダ・アンダーセン，ジャック・マカフィ，そしてメアリー・ジョー・バレンタインです。

解答 1

解説 1 as follows「次の通り」。そのほかの選択肢は as に続けて熟語にはならない。

(20)

訳 A：キャシーが入院していると聞きました。お見舞いに行っても大丈夫でしょうか。
B：あら，ぜひそうしてちょうだい。キャシーは病院でとても退屈しているから。

解答 1

解説 1 by all means「ぜひとも，もちろん」，2 in every aspect「あらゆる側面（場面）で」，3 on the whole「全体的に見ると」，4 against the law「違法で」。by all means は承諾や同意を表す時に使用される。

25. decline

(21) A: The person who stole the money has been caught. It wasn't Tom!
B: I was sure he didn't do it. He is the (　　) person to do such a thing.

1 first　　**2** last　　**3** most　　**4** least

(22) A: Greg called and said that the trains were not running and the roads were too crowded to travel by car.
B: (　　) short, he is not coming, is he?

1 By　　**2** For　　**3** In　　**4** To

(23) The only elevator in the building was (　　) so Haruka had to run up to the seventh floor in order not to be late for the meeting.

1 free of charge　　**2** out of order
3 under cover　　**4** in common

(24) Mike doesn't mind working hard or working overtime, but he won't (　　) the boss's rude attitude towards him any more. Now he is seriously looking for another job.

1 chase after　　**2** go over　　**3** hit on　　**4** stand for

(21) 訳 A：お金を盗んだ犯人が捕まったよ。トムじゃなかったんだ！
B：彼がやったんじゃないことは確信していたよ。彼はとてもそんなことをするような人じゃないから。

解答 2

解説 2 the last「最も（〜しそうも）ない」。問題文のように the last ＋名詞の後に to 不定詞が続くことが多い。

(22) 訳 A：グレッグから電話があって，電車は運行していないし，道路がすごく渋滞していて，車で移動できないと言ってたわ。
B：要するに，彼は来ないっていうことだろう？

解答 3

解説 2 For short「略して」，3 In short「要約すれば，手短に言えば」。1 と 4 は short とは熟語を作らない。

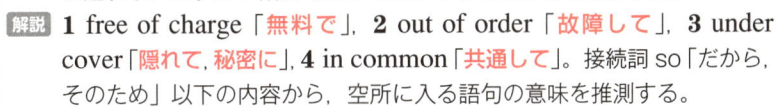

(23) 訳 その建物で唯一のエレベーターが故障していたので，ハルカは会議に遅れないように 7 階まで走って上がらなければならなかった。

解答 2

解説 1 free of charge「無料で」，2 out of order「故障して」，3 under cover「隠れて，秘密に」，4 in common「共通して」。接続詞 so「だから，そのため」以下の内容から，空所に入る語句の意味を推測する。

(24) 訳 マイクは，仕事がきついことや残業をすることは気にならないが，上司の彼に対する無礼な態度にはもはや我慢ならない。今，彼は別の仕事を真剣に探している。

解答 4

解説 1 chase after「〜を追う」，2 go over「〜を越えて行く，よく調べる」，3 hit on「〜をふと思いつく，偶然に見つける」，4 stand for「〜を我慢する，〜を意味する」。問題文中の意味の stand for は，通例 will や would を伴い，否定文，疑問文で用いる。

26. deliver

大問1 短文の語句空所補充
押さえておきたい文法

1問 35秒

次の（　）に入れるのに最も適切なものを一つ選びなさい。

(1) My boss is always in a bad mood (　　) his favorite baseball team loses. So I always have to check the results of the game held the day before.
1 however　　**2** wherever　　**3** whenever　　**4** whoever

(2) *A:* I don't remember (　　) we gave our mother a clock or a photo frame for her birthday last year.
B: We bought an alarm clock. We've never bought her a photo frame.
1 unless　　**2** otherwise　　**3** when　　**4** whether

(3) (　　) he is very busy with his work, he will come to celebrate your birthday. He cares about you so much.
1 Even if　　**2** As though　　**3** Ever since　　**4** Soon after

(4) The dog stood on the platform (　　) his tail wagging until the train was completely out of sight.
1 at　　**2** of　　**3** beside　　**4** with

(5) (　　) it was his first time to play in an official game, Andy did quite well even though he didn't score any goals.
1 Consider　　**2** Considering　　**3** Considered　　**4** To consider

(6) The footwear department has been doing pretty well so far, but (　　) menswear, we need to make further efforts to achieve the sales goal.
1 as for　　**2** as of　　**3** up for　　**4** up against

26. 動 〜を配達する

(1) **訳** 私の上司は自分の好きな野球チームが負ける<u>といつも</u>機嫌が悪い。そのため、私はいつも前日に開催された試合の結果を確認しなければならない。 　**解答** 3

解説 1 however「どんなに～でも，しかしながら」，2 wherever「どこへ［で］～しても」，3 whenever「～する時はいつも」，4 whoever「～する人は誰でも」。

(2) **訳** A：去年，母さんの誕生日に時計をあげた<u>のか</u>写真立てをあげた<u>のか</u>，思い出せないよ。
B：目覚まし時計を買ったのよ。写真立てを買ってあげたことはないわ。　**解答** 4

解説 not remember whether A or B で「*A か B か思い出せない，覚えていない*」の意味。a clock <u>or</u> a photo frame の or がヒントになる。

(3) **訳** <u>たとえ</u>仕事でとても忙しく<u>ても</u>，彼は君の誕生日を祝いに来るよ。彼は君のことをそれほど気にかけているんだ。　**解答** 1

解説 1 even if「*たとえ～でも*」，2 as though「*まるで～のように*」，3 ever since「*～以来ずっと*」，4 soon after「*～の直後に*」。

(4) **訳** その犬はプラットフォームに立ち，列車が完全に見えなくなるまでしっぽを振り続けた。　**解答** 4

解説 付帯状況を表す **4** with が正解。with O doing「*O が～している状態で*」。

(5) **訳** 公式戦での最初のプレーだったこと<u>を考慮すれば</u>，アンディはゴールこそ決めなかったものの，非常に良いプレーをした。　**解答** 2

解説 正解の **2** Considering は，分詞構文と考えてもよいが，接続詞として考えて「*～を考慮すれば，～である割には*」の意味で覚えよう。

(6) **訳** これまで，靴部門はとても良くやっているが，紳士服部門<u>については</u>，販売目標を達成するためにはさらなる努力が必要だ。　**解答** 1

解説 1 as for「*～に関しては，～はどうかと言うと*」，2 as of「*（何年［月・日］）現在で*」，3 up for「*気が進んで，～の対象として考慮されて*」，4 up against「*（困難など）に直面して*」。

27. participate

大問1 短文の語句空所補充
差がつく単語

1問 35秒

次の（　）に入れるのに最も適切なものを一つ選びなさい。

(1) A: Aren't you nervous about the final match, Ted?
B: Not really. My (　　) won the championship last year, so I'll just do my best.

1 developer　　2 pedestrian　　3 opponent　　4 technician

(2) In Japan, we need to be prepared for various types of natural (　　), for example, earthquakes, typhoons, and, if you live near the sea, tsunamis.

1 caves　　2 disasters　　3 pressures　　4 shields

(3) We finally (　　) my mother to see a doctor after we had repeatedly explained to her how important it was.

1 convinced　　2 fastened　　3 interrupted　　4 related

(4) A: Is this book useful, Erica?
B: I think the first half is too easy for you, George, but I learned a lot of new things from the (　　) half.

1 former　　2 inferior　　3 latter　　4 superior

(5) We were not sure if we had enough time, but (　　) we were able to get ready by the opening of the event.

1 furthermore　　2 instead　　3 moreover　　4 somehow

(1) 　**訳** A：決勝戦のことが心配じゃないの，テッド？
　　　　　B：そうでもないよ。対戦相手は去年のチャンピオンだから，ベストを尽くすだけさ。

　　解答 3

　　解説 1 developer「開発者」，2 pedestrian「歩行者」，3 opponent「対戦相手」，4 technician「技術者」。win the championship「チャンピオンになる，優勝する」。do *one's* best「ベスト（最善）を尽くす」。

(2) 　**訳** 日本では，例えば地震，台風，そして海のそばに住んでいるのであれば津波といった，さまざまな種類の自然災害に備える必要がある。

　　解答 2

　　解説 1 cave「洞窟」，2 disaster「災害，天災」，3 pressure「圧力」，4 shield「盾」。空所後に for example, ... と具体例が挙げられているので，ここから空所を判断する。natural disaster「自然災害」。

(3) 　**訳** それがどれだけ重要かを繰り返し説明した後，私たちはやっと医者に診てもらうよう母を説得した。

　　解答 1

　　解説 1 convince「～を納得させる」，2 fasten「～をしっかりと固定する」，3 interrupt「～を妨げる」，4 relate「～を関係させる」。convince *O* to *do*「*O* に～するよう説得する」。

(4) 　**訳** A：この本は役に立つかい，エリカ？
　　　　　B：前半はあなたには簡単過ぎると思うわ，ジョージ。でも，私は後半からたくさんの新しいことを学んだわ。

　　解答 3

　　解説 1 former「先の，前者の」，2 inferior「劣った，劣悪な」，3 latter「後者の，後半の」，4 superior「優れた，重要な」。the latter half で「後半，後の半分」の意味。

(5) 　**訳** 時間が十分あるかどうかははっきり分からなかったのだが，われわれは何とかイベントの開始までに準備をすることができた。

　　解答 4

　　解説 1 furthermore「その上」，2 instead「その代わりに」，3 moreover「その上」，4 somehow「何とかして」。

28. submit

(6) A: How are you, Rick? I just felt like talking to you.
B: What a ( )! I was just thinking of you and was about to call.

1 coincidence **2** persuasion **3** replacement **4** simplicity

(7) A: I didn't know your office had moved.
B: In fact, this is not a ( ) office. We are moving to the new building near the station, which is now being built.

1 advanced **2** mature **3** permanent **4** vacant

(8) Some parents are ( ) their children by giving them everything they ask for. It's very important for them to learn the value of money by working for it.

1 contacting **2** freezing **3** rubbing **4** spoiling

(9) Many people gathered around the burning house but the police officers ( ) them to stay away, telling them it was dangerous to be there.

1 hunted **2** judged **3** solved **4** urged

(10) A: Julian is ( ) making the same mistake.
B: Actually, I tell him to be careful every time he does it. I wonder if he will ever learn.

1 constantly **2** greatly **3** privately **4** seriously

(6) 訳 A：元気, リック？ ちょっとあなたと話したくなったの。
B：偶然だね！ 僕もちょうど君のことを考えていて，電話しようとしていたところなんだ。

解答 1

解説 1 coincidence「偶然の一致」, 2 persuasion「説得」, 3 replacement「交替」, 4 simplicity「簡単, 単純」。What a coincidence! で，「すごい偶然ですね, 奇遇ですね」という意味の表現。feel like *doing*「〜したい気がする」。

(7) 訳 A：御社が移転したとは存じませんでした。
B：実はここは永続的な事務所ではないんですよ。当社は駅の近くで現在建設中の新しいビルに移転するんです。

解答 3

解説 1 advanced「進歩した」, 2 mature「成熟した」, 3 permanent「永続的な」, 4 vacant「空の」。In fact や we are moving to the new building から，現在の事務所が一時的なものである（＝永続的なものではない）ことを推測する。

(8) 訳 子どもが求める物を何でも与えることで，甘やかしている親もいる。子どもはお金の価値を，そのために働くことで学ぶことがとても重要だ。

解答 4

解説 1 contact「〜に接触する」, 2 freeze「〜を凍らせる」, 3 rub「〜をこする」, 4 spoil「〜を甘やかす, 駄目にする」。ask for「〜を求める」。

(9) 訳 多くの人々が燃える家の周りに集まったが，警官たちはそこにいるのは危ないと言って，人々に離れているよう促した。

解答 4

解説 1 hunt「〜を狩る」, 2 judge「〜を判断する」, 3 solve「〜を解決する」, 4 urge「〜に促す」。urge O to *do*「Oに〜するよう促す, 熱心に勧める」。

(10) 訳 A：ジュリアンは同じ失敗ばかりしているね。
B：実際，失敗するたびに気をつけるように言っているのよ。いったい，彼は学習するのかしら。

解答 1

解説 1 constantly「絶えず, いつも」, 2 greatly「非常に」, 3 privately「個人的に, 内密に」, 4 seriously「まじめに」。Bの発言からジュリアンが「いつも」同じ失敗をしていることを読み取ろう。

(11) A: Doesn't the car sound strange, Dan?
B: Yeah, there's ( ) something wrong with the engine, Ed. A strange noise is coming from it.

1 patiently   **2** rudely   **3** obviously   **4** visually

(12) In addition to practicing every day, the coach ( ) the importance of eating healthy food. Therefore, I never went to fast food restaurants.

1 discouraged   **2** emphasized   **3** installed   **4** protested

(13) Lisa found she had made a big mistake when she was about to finish the programming. She had to ( ) most of her weekend to fix it.

1 injure   **2** rotate   **3** sacrifice   **4** tear

(14) A: Can you tell me the reason for your ( ) from the meeting, Kelly?
B: One of our clients had a sudden mechanical problem and I had to deal with it.

1 absence   **2** concept   **3** indifference   **4** profit

(15) A: I've used up most of my cash. Do you have any?
B: Actually, I'm running out, too. We need to go to a bank and ( ) some more.

1 seal   **2** enroll   **3** rent   **4** withdraw

(11) **訳** A：車から変な音がしない，ダン？
B：うん，明らかにエンジンが何かおかしいな，エド。変な音はエンジンから出ているよ。
解説 1 patiently「根気よく」, 2 rudely「無礼に」, 3 obviously「明らかに」, 4 visually「見た目は」。Bの発言 A strange noise is coming from it (=the engine). が空所の語を推測するための鍵。

解答 3

(12) **訳** 毎日の練習に加え，コーチは体に良いものを食べることの重要性を強調した。だから，私はファストフード・レストランに行くことは決してなかった。
解説 1 discourage「(自信，やる気)を失わせる」, 2 emphasize「～を強調する，力説する」, 3 install「～を設置する」, 4 protest「～に抗議する」。

解答 2

(13) **訳** リサはプログラミングを終えようとした時，大きなミスを犯していたことに気付いた。その修正をするために，彼女は週末の大部分を犠牲にしなければならなかった。
解説 1 injure「～を傷つける」, 2 rotate「～を回転させる」, 3 sacrifice「～を犠牲にする」, 4 tear「～を引き裂く」。be about to do「まさに～しようとする」。

解答 3

(14) **訳** A：会議を欠席した理由を教えてもらえるかね，ケリー？
B：わが社の得意先の1つで急に機械の問題が起こりまして，私がそれに対処しなければならなかったんです。
解説 1 absence「欠席」, 2 concept「概念」, 3 indifference「無関心」, 4 profit「利益」。absence from「～の欠席」。空所直後の from と Bの弁明の内容から，空所を推測する。

解答 1

(15) **訳** A：自分の現金はほとんど使ってしまったわ。あなた，いくらか持っている？
B：実は僕もなくなりそうなんだ。銀行に行って，もういくらか引き出さないとね。
解説 1 seal「～を密封する」, 2 enroll「～に入会する」, 3 rent「～を賃借する」, 4 withdraw「(預金)を引き出す」。run out「(時間・金などが)なくなる」。空所後の目的語は some more cash の省略である。

解答 4

29. emotion

(16) The ( ) of the biggest bank in the area had a strong impact on the local economy. Many companies were involved and went out of business.

1 collapse **2** industry **3** reputation **4** breeze

(17) *A:* I'm very sorry, Patty. I won't say such a thing again.
B: Well, I accept your ( ) this time, Billy. But there'll be no second chance.

1 exhibit **2** apology **3** preservation **4** jealousy

(18) Harlem has become a popular ( ) for tourists to New York. The safety of the area has been greatly improved, and more and more people are interested in African-American culture.

1 destination **2** transportation
3 formula **4** symbol

(19) The newspaper article said that the hotel building on Church Street will be ( ) into an apartment building for elderly people with a store and clinic on the first floor.

1 overturned **2** reflected **3** converted **4** spread

(20) *A:* I was thinking about either French or Chinese food tonight. Do you have a ( )?
B: Either one is fine. Which do you like?

1 custom **2** identity **3** measure **4** preference

(16) **訳** 地域最大の銀行の<u>破綻</u>は地元経済に大きな影響を与えた。多くの企業が巻き添えを食って倒産した。　**解答 1**
解説 1 collapse「(事業の)破綻，崩壊」，2 industry「産業」，3 reputation「評判，名声」，4 breeze「そよ風」。impact「影響」。go out of business「廃業する，倒産する」。

(17) **訳** A：本当にごめんなさい，パティ。あんなことは二度と言いません。
B：まあ，今回は<u>謝罪</u>を受け入れるわ，ビリー。でも，二度目はないわよ。　**解答 2**
解説 1 exhibit「展示」，2 apology「謝罪」，3 preservation「保存」，4 jealousy「嫉妬」。

(18) **訳** ハーレムはニューヨークへの旅行者にとって人気のある<u>行き先</u>になった。この地区の治安は大幅に改善され，そしてますます多くの人々がアフリカ系アメリカ人の文化に関心を持つようになっている。　**解答 1**
解説 1 destination「行き先，目的地」，2 transportation「運送，交通機関」，3 formula「公式」，4 symbol「象徴」。

(19) **訳** 新聞記事によると，チャーチ・ストリートのホテルの建物が，1階に店舗と診療所を備えた高齢者向けのアパートに<u>改装</u>されるとのことだ。　**解答 3**
解説 1 overturn「～をひっくり返す」，2 reflect「～を映す」，3 convert「～を改装する」，4 spread「～を広げる」。convert A into[to] B「A を B に改装する」の受動態になっている。

(20) **訳** A：今晩はフランス料理か中華料理にしようかと思っていたんだ。<u>好きなもの</u>はある？
B：どちらでもいいよ。どちらが好きなの？　**解答 4**
解説 1 custom「習慣」，2 identity「身元」，3 measure「寸法」，4 preference「好み」。

30. theory

(21) A: Michael told me you broke your leg in a traffic accident.
B: Oh, he ( ) the story. It just hurts a little because I fell off my bicycle.

1 exaggerated 2 declared 3 represented 4 swallowed

(22) A: Excuse me, driver, does this bus go to City Hall?
B: Not directly. You have to ( ) to the Number 30 bus at Carnavon Street.

1 load 2 interpret 3 subscribe 4 transfer

(23) Mary has been taking this medicine because a friend said it was good for her health, but she is ( ) of its effectiveness. She's thinking to stop taking it.

1 ambitious 2 dramatic 3 suspicious 4 mysterious

(24) When I turned left into the parking lot, a man waved his arm to ( ) that it was full and that we should go to another parking lot.

1 justify 2 advertise 3 revise 4 indicate

(25) Mary was looking forward to seeing Alex with much ( ). She had not seen him for more than a year since they graduated from high school.

1 misunderstanding 2 anticipation
3 fitness 4 reaction

(21)
訳 A：マイケルから，君が交通事故で脚を骨折したって聞いたよ。
B：まあ，彼は話を誇張したのよ。自転車から落ちて少しけがをしただけよ。

解答 1

解説 1 exaggerate「～を誇張する」, 2 declare「～を宣言する」, 3 represent「～を表す」, 4 swallow「～を飲み込む」。Aの伝聞とBが述べている真実の違いから正解を推測しよう。

(22)
訳 A：すみません，運転手さん。このバスは市役所へ行きますか。
B：直接は行きません。カーナボン・ストリートで30番のバスに乗り換えなければなりませんよ。

解答 4

解説 1 load「荷物を積む」, 2 interpret「通訳する」, 3 subscribe「予約購読する」, 4 transfer「乗り換える」。

(23)
訳 友人が健康に良いと言ったので，メアリーはこの薬を服用し続けているが，彼女はその効果を疑っている。彼女はそれを飲むのをやめることを考えているところだ。

解答 3

解説 1 ambitious「大望を抱いた」, 2 dramatic「劇的な」, 3 suspicious「疑い深い」, 4 mysterious「神秘的な」。be suspicious of「～を疑っている」。

(24)
訳 私が左に曲がって駐車場に入った時，男性が手を振って，そこは満車で別の駐車場へ行かなくてはならないことを示した。

解答 4

解説 1 justify「～を正当化する」, 2 advertise「～を広告する」, 3 revise「～を変更する」, 4 indicate「～を示す，知らせる」。空所は副詞的用法の不定詞「～するために」の一部なので，何をするために腕を振った(waved his arm)のかを考えよう。

(25)
訳 メアリーはアレックスに会うのを大いに期待して待っていた。彼とは高校を卒業して以来，1年以上会っていなかった。

解答 2

解説 1 misunderstanding「誤解」, 2 anticipation「期待，予想」, 3 fitness「健康」, 4 reaction「反応」。with anticipation「期待して」。

31. desire

(26) A: Is it true that John stole the money?
B: I can't believe it, either, but he (　　) that he had done it.

1 confessed　　2 discovered　　3 describe　　4 translated

(27) A: You didn't eat very much of your dinner. Are you feeling all right, Jane?
B: I'm fine, Bob. I just don't have much (　　) because I had a heavy lunch today.

1 appetite　　2 companion　　3 nutrition　　4 source

(28) A: I'm not sure what's wrong, Brad. I have itchy eyes and a runny nose.
B: Those are the typical (　　) of hay fever, Brenda. You'd better see a doctor.

1 famines　　2 fuels　　3 paths　　4 symptoms

(29) The price is all right but we still have to (　　) the delivery time with the supplier. Otherwise, it will take too long to complete the order.

1 lower　　2 combine　　3 negotiate　　4 trust

(30) At first, the sales of Kate's new album were slow. However, her songs have (　　) gained popularity and the album has become a million seller.

1 automatically　　　　2 endlessly
3 gradually　　　　　　4 sincerely

(26) **訳** A：ジョンがお金を盗んだって本当かい？
B：私も信じられないんだけど，彼は盗んだって<u>白状した</u>のよ。

解説 1 confess「～を告白する」，2 discover「～を発見する」，3 describe「～を記述する，表現する」，4 translate「～を翻訳する」。

解答 1

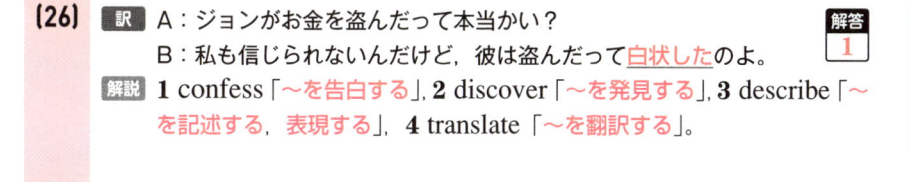

(27) **訳** A：夕ごはんをあまり食べなかったね。大丈夫かい，ジェーン？
B：大丈夫よ，ボブ。今日はたっぷり昼食を食べたから，それほど<u>食欲</u>がないだけなの。

解説 1 appetite「食欲」，2 companion「仲間」，3 nutrition「栄養分」，4 source「源」。

解答 1

(28) **訳** A：何が悪いのか分からないのよ，ブラッド。目がかゆくて鼻水が出るの。
B：それは花粉症の典型的な<u>症状</u>だね，ブレンダ。医者に診てもらった方がいいよ。

解説 1 famine「飢饉(ききん)」，2 fuel「燃料」，3 path「小道」，4 symptom「症状」。hay fever「花粉症」。

解答 4

(29) **訳** 価格は問題ないが，まだ納入業者とは納期<u>を交渉する</u>必要がある。さもないと，注文をそろえるのに時間がかかり過ぎることになる。

解説 1 lower「～を弱める，下げる」，2 combine「～を結びつける」，3 negotiate「～を交渉する」，4 trust「～を信頼する」。negotiate A with B「A を B と交渉する」。

解答 3

(30) **訳** 最初，ケイトのニューアルバムの売れ行きは鈍かった。しかし，彼女の曲は<u>徐々に</u>人気を得るようになり，アルバムはミリオンセラーになった。

解説 1 automatically「自動的に」，2 endlessly「果てしなく」，3 gradually「次第に，徐々に」，4 sincerely「心から」。slow「(商品が)売れ行きの悪い」。

解答 3

32. solution

大問1 短文の語句空所補充
差がつく熟語

1問 35秒

次の（　）に入れるのに最も適切なものを一つ選びなさい。

(1) A: Do you always eat lunch out?
B: I usually make and bring lunch for myself, but (　　) I am too busy to make any.

1 by no means　　**2** at times
3 in effect　　**4** without effort

(2) Many of the company employees believe that the president's bad decision (　　) the total failure of the project.

1 brought about　　**2** found out
3 left for　　**4** recovered from

(3) Risa took a look at a few nice coats this weekend, but she hasn't (　　) her mind yet which one to buy.

1 broken up　　**2** pulled out　　**3** made up　　**4** turned out

(4) It took an hour for Sam to (　　) the crossword puzzle. It was so difficult that he had to use a dictionary and ask his wife for help.

1 chase after　　**2** go against　　**3** make with　　**4** work out

(5) A: I'm going to tell Richard what happened at the factory.
B: (　　) a minute, Charlie. I'll call Sam to get more information about the accident first.

1 Check in　　**2** Hang on　　**3** Point out　　**4** Show over

32. 図解決（法）

(1) **訳** A：昼食はいつも外食しているの？
B：普段は自分で昼ごはんを作って持って来るんだけど，時々忙し過ぎて作れないんだ。

解答 2

解説 1 by no means「決して〜でない」，2 at times「時々」，3 in effect「事実上」，4 without effort「努力せず，難なく」。B の usually 〜, but ... という文脈に注目し，usually と対比的になる表現を選ぶ。

(2) **訳** 会社の従業員の多くが，社長のまずい決断が事業の完全な失敗をもたらしたと考えている。

解答 1

解説 1 bring about「〜をもたらす，引き起こす」，2 find out「〜を見つけ出す，発見する」，3 leave for「〜に向かって出発する」，4 recover from「〜から回復する」。

(3) **訳** リサは今週末，何着かすてきなコートを見たが，まだどれを買うかは決めていない。

解答 3

解説 1 break up「〜をばらばらにする，終わらせる」，2 pull out「〜を引き出す」，3 make up one's mind「決心する」，4 turn out「結局〜であると分かる，〜になる」。3 以外の選択肢で，one's mind と組み合わせられる熟語はない。

(4) **訳** サムはそのクロスワードパズルを解くのに 1 時間かかった。あまりに難しかったので，辞書を使ったり，妻に助けを求めたりしなければならなかった。

解答 4

解説 1 chase after「〜を追いかける」，2 go against「〜に逆らう」，3 make with「〜を与える，持って来る」，4 work out「(問題など) を解く」。

(5) **訳** A：工場で起こったことはリチャードに話すつもりだよ。
B：ちょっと待って，チャーリー。まず私がサムに電話して，事故の情報をもっと集めるわ。

解答 2

解説 1 check in「宿泊 (搭乗・返却) の手続きをする」，2 hang on「電話を切らずにおく，待つ」，3 point out「〜を指摘する」，4 show A over B「A に B を案内する」。hang on は問題文のように通例命令文で使う。

大問 1 短文の語句空所補充

33. experiment

(6) A: Hey, let's go roller skating at the Port Park.
B: You can no (　　) skate there. Someone hit a small boy while skating and injured him.

1 sooner　　2 longer　　3 faster　　4 better

(7) A: Are you still working? Aren't we going to have dinner together?
B: I'm (　　) with my work now. I'll go with you.

1 done　　2 come　　3 gone　　4 taken

(8) A: Do you want to go get something to drink with me?
B: I have to (　　) an eye on my luggage. Can you get me a soda, if you don't mind?

1 make　　2 put　　3 keep　　4 wake

(9) Cathy loves Japanese food. In (　　), she really loves sushi rolls. Almost every weekend she goes to her favorite sushi bar and eats some.

1 use　　2 time　　3 total　　4 particular

(10) Ken managed to (　　) a car while his was being repaired. He went to work by bus and he rode a bicycle to nearby places.

1 take out　　2 do without　　3 fall on　　4 rely on

(6) 訳　A：ねえ，ポート・パークにローラースケートをしに行こうよ。
　　　　　B：あそこではもうスケートはできないよ。誰かがスケートをしている時に小さな男の子にぶつかって，その子にけがをさせたんだ。

解答 **2**

解説　**2** no longer「もはや〜ではない」で文意が通じる。**1** と **4** は後ろに than を伴って，**1** no sooner 〜 than ...「〜するやいなや…」，**4** no better than「〜も同然」という意味になるが，問題文には不適切。**3** no faster も問題文では意味を成さない。

(7) 訳　A：まだ仕事をしているの？　一緒に夕食をすることになっていなかったっけ？
　　　　　B：今，仕事が終わったよ。一緒に行くよ。

解答 **1**

解説　**1** be done (with)「(〜を)終える，済ます」。形は受動態だが，受け身の意味ではないので注意。

(8) 訳　A：一緒に何か飲み物を買いに行かない？
　　　　　B：僕は荷物を見張っていなければならないよ。よかったら，ソーダを買ってきてくれないかい？

解答 **3**

解説　**3** keep an eye on「〜を見張る，〜から目を離さない」。ほかの選択肢は，空所後に続く an eye on ... とは熟語を作らない。luggage「旅行カバン類」は集合名詞で不可算名詞。例えば「荷物2個」は two luggages ではなく，two pieces of luggage となる。

(9) 訳　キャシーは日本の食べ物が大好きだ。特に，巻き寿司が大好物である。ほとんど毎週末，彼女はお気に入りの寿司屋に行ってそれを食べる。

解答 **4**

解説　**1** in use「使用中で」，**2** in time「間に合って，やがて」，**3** in total「全体で，合計で」，**4** in particular「特に」。Cathy loves Japanese food → she really loves sushi rolls と，好きな対象がより具体的に述べられている点に注目。

(10) 訳　車を修理に出している間，ケンは何とか車なしで済ませることができた。職場へはバスで通い，近い場所へは自転車で行った。

解答 **2**

解説　**1** take out「〜を取り出す，連れ出す」，**2** do without「〜なしで済ます」，**3** fall on「〜に落ちる」，**4** rely on「〜を頼りにする」。2番目の文から，車を使わなかったことが分かる。

(11) A: I heard Robert complained about you.
B: He always speaks ill of others behind their (   ). I think he will lose all his friends someday.

1 faces   2 necks   3 heads   4 backs

(12) A: Why don't you come skiing with us, George?
B: I haven't been skiing (   ) so I don't know if I can still do it.

1 for ages   2 in memory   3 on schedule   4 at a loss

(13) We walked around the town for 30 minutes trying to find the Japanese restaurant. We finally gave up and were headed for a hamburger place when we discovered it (   ).

1 by accident   2 in due course
3 for miles   4 on end

(14) It may be fun to be shown around tourist spots by someone, but it is more interesting if you study in (   ) about the places you are going to visit.

1 advance   2 presence   3 charge   4 reality

(15) A: Joe, your shoes are (   ). You should buy a new pair.
B: I guess I should. I bought them ten years ago when I started working.

1 carried on   2 laid down   3 switched off   4 worn out

(11) 訳　A：ロバートが君のことで不満を漏らしていると聞いたよ。
　　　　B：彼はいつも陰で人の悪口を言うんだ。彼はいつか，すべての友だちを失うことになると思うよ。

解答　**4**

解説　**4** behind one's back「(人)のいないところで」。ほかの選択肢はbehind one's に続けて特別な熟語を作らない。speak ill of「～を悪く言う」。

---

(12) 訳　A：私たちと一緒にスキーに行かない，ジョージ？
　　　　B：長い間スキーをしていないから，まだ滑れるかどうか分からないよ。

解答　**1**

解説　**1** for ages「長期間」，**2** in memory「記念に」，**3** on schedule「予定通りに」，**4** at a loss「途方に暮れて」。Bのせりふの後半が正解を推測する鍵。

---

(13) 訳　その和食レストランを探そうとして，私たちは30分間町中を歩き回った。結局あきらめてハンバーガー店に向かった時，偶然そのレストランを見つけた。

解答　**1**

解説　**1** by accident「偶然，たまたま」，**2** in due course「やがて，しかるべき時がくれば」，**3** for miles「何マイルも」，**4** on end「続けて」。We finally gave up and … から，もう探していなかった時にその店が見つかったことが分かる。be headed for「～に向かう」。

---

(14) 訳　誰かに観光地を案内してもらうのも楽しいだろうけれど，自分が訪れようとする場所をあらかじめ勉強すれば，もっと面白い。

解答　**1**

解説　**1** in advance「あらかじめ，前もって」，**3** in charge「担当して」，**4** in reality「実際には」。**2** presence は in との組み合わせでは in the presence of「～の面前で」が可能。

---

(15) 訳　A：ジョー，あなたの靴はすり減っているわ。新しい靴を1足買わないと。
　　　　B：そうするべきだろうね。10年前，働き始めた時に買った物だから。

解答　**4**

解説　**1** carry on「～を続ける」，**2** lay down「～を横たえる」，**3** switch off「～のスイッチを切る」，**4** wear out「～をすり減らす，使い古す」。wear out は問題文のように受け身で使うことが多い。

35. confidence

(16) Just press the timetable button and select the show you want to record. The owner's manual explains (   ) various ways of recording and editing TV shows.

1 for a change
2 in detail
3 ahead of schedule
4 all the more

(17) A: The tension between the two countries has really been increasing, hasn't it?
B: I wonder if a war will (   ) soon.

1 break out
2 draw up
3 hang around
4 pull off

(18) The waiter told us that with an order of a main dish, we could have either soup or salad (   ).

1 free of charge
2 out of order
3 one after another
4 time after time

(16) **訳** ただ番組表のボタンを押して，録画したい番組を選ぶだけです。テレビ番組の録画や編集のさまざまな方法は，取扱説明書に詳細に説明されています。

解説 1 for a change「気分転換に，趣向を変えて」，2 in detail「詳細に」，3 ahead of schedule「予定より早く」，4 all the more「それだけ（いっそう），なおさら」。owner's manual は「取扱説明書」の意味。

解答 2

(17) **訳** A：その２カ国間の緊張は本当に高まってきているね。
B：もうすぐ戦争が勃発するんだろうか。

解説 1 break out「勃発する，突然発生する」，2 draw up「（車などが）止まる，〜を引き上げる」，3 hang around「ぶらつく」，4 pull off「車を道路脇に寄せる，〜を引き離す」。

解答 1

(18) **訳** メインディッシュを注文すると，スープかサラダのいずれかが無料で付いてくると，そのウエーターが私たちに言った。

解説 1 free of charge「無料で」，2 out of order「故障して」，3 one after another「次々に」，4 time after time「何度も何度も」。

解答 1

36. hesitation

87

大問1 短文の語句空所補充
差がつく文法

1問 35秒

次の（　）に入れるのに最も適切なものを一つ選びなさい。

(1) The sound quality of this piano is much better than (　　) of mine, which cost much more than this one.
　1 this　　**2** that　　**3** those　　**4** which

(2) The camera my uncle gave me was (　　) but easy to use. I had to consider the light and the distance from the object and carefully adjust the lens to take a good picture.
　1 anything　　**2** something　　**3** that　　**4** what

(3) The store had several kinds of hiking boots but (　　) of them satisfied Jason. He decided to try another store.
　1 any　　**2** little　　**3** no　　**4** none

(4) The toilet rolls were very cheap in the advertisement but at the store I found that each shopper could buy (　　) than one pack of them.
　1 any more　　**2** no more　　**3** no less　　**4** only fewer

(5) *A:* The train hasn't come yet. Was there an accident or something?
　B: I think we (　　) better get a taxi. Ms. Williams really hates it when someone is late.
　1 did　　**2** had　　**3** have to　　**4** have done

(6) *A:* Do you often eat Japanese food?
　B: Sometimes. I (　　) prefer Chinese food, but my wife loves it as she lived in Japan for a couple of years.
　1 my　　**2** me　　**3** myself　　**4** mine

36. 名 ためらい

(1) **訳** このピアノの音質は，はるかに高価な私のピアノの<u>音質</u>よりもずっと良い。 **解答** 2
解説 that (of) は既出の名詞を受ける時に用い，「(〜の) それ」という意味。この場合は the sound quality を指している。

(2) **訳** おじが私にくれたカメラは，<u>全く</u>使い<u>づらかった</u>。良い写真を撮るためには，光や被写体からの距離を考え，注意深くレンズを調節しなければならなかった。 **解答** 1
解説 anything but は「少しも〜ではない」という意味で，but の後を否定する表現。

(3) **訳** その店には数種類のハイキング用の靴があったが，ジェイソンを満足させるものは<u>なかった</u>。彼は別の店を見てみることに決めた。 **解答** 4
解説 空所後に of them と続くので，代名詞の **4** none が正解。**3** no は形容詞で名詞に直接付く。**2** little は不可算名詞に使用するので boots を指す them とは合わない。

(4) **訳** 広告でトイレットペーパーがとても安かったのだが，店に行って，買い物客1人につき<u>たった</u>1パック<u>しか</u>買えないことが分かった。 **解答** 2
解説 **2** no more than「〜を超えない」→「<u>たった〜，わずか〜</u>」が正解。この対義表現が **3** no less than「〜は下らない」→「〜ほども多くの」。

(5) **訳** A：電車はまだ来ないね。事故か何かあったんだろうか。
B：私たち，タクシーを拾う<u>方がいい</u>と思うわ。ウィリアムズさんは誰かが遅刻するのを本当に嫌がるから。 **解答** 2
解説 **2** had better *do*「〜する方がよい，〜すべきだ」。この表現には，「そうしないと困ったことになる」という含みがある。

(6) **訳** A：日本料理はよく食べるんですか。
B：時々ね。私<u>自身</u>は中華料理の方が好みなんですが，妻は日本に2，3年住んでいたので，日本料理が大好きなんですよ。 **解答** 3
解説 主語の後に *oneself* を置くと，主語を強調する表現になる。この問題では，I myself「<u>私自身は</u>」で，I のみの場合よりも強い意味になっている。

単語クイズ 1　　　動詞編

英単語クイズに挑戦しよう。

●やりかた
① 単語の一部のアルファベットが抜けています。何が入るのか考えよう。
② 日本語とところどころ見えているアルファベットがヒントです。
③ できあがった英単語の頭文字（■の部分）を順番に並べると，別の英単語が完成！

〈例題〉
日本語	問題	正解
〜をびっくりさせる	□□aze	**a** maze
〜を展示する	□□□play	**d** isplay
〜を測る	□□asure	**m** easure
〜を暗示する	□□ply	**i** mply
〜を移す	□□□sfer	**t** ransfer

5つの頭文字 a, d, m, i, t を順番に並べると **admit** という語が完成！

Let's try!

1
- 〜を薦める　　□□□□□mend
- 〜を延長する　□□tend
- 〜を探す　　　□□ek
- 主張する　　　□□sist
- 〜を供給する　□□□ply
- 〜を引き裂く　□ear

2
- 参加する　　　□□□□cipate
- 〜を拒否する　□□fuse
- 〜を達成する　□□□eve
- 〜を見分ける　□□ntify
- 生き残る　　　□□vive
- 〜を見積もる　□□□mate

クイズの答えは P.230

90

大問 2

長文の語句空所補充

合格のポイント	92
重要度 Ⓐ 社会・文化	94
重要度 Ⓑ 科学・テクノロジー	102

大問2　長文の語句空所補充
合格のポイント

どんな問題？

[A]と[B], 2つのエッセイそれぞれに3問ずつ空所補充問題があります。[A], [B] 9分ずつ, 2つで18分を目安に解答しましょう。

Music to My Ears

Music plays an important role in people's lives around the world. Singing, as it does not require any special tools or instruments, is a particularly popular way for people to enjoy music. Although many people sing for fun, few people know that singing actually (　21　). From helping people fight diseases to reducing stress, singing can make people's lives better.

Singing can also be seen as a type of exercise. When people sing, their bodies use a number of important muscles. It also helps people improve their breathing and strengthens both their lungs and hearts in the same way as aerobic exercise such as jogging. (　22　), some experts say that singing can actually be a good alternative to exercise for elderly people who need to improve their weak lungs and hearts. Furthermore, singing increases the chemicals in the body that make people feel good, which can help reduce anxiety and depression.

New research has shown that singing (　23　) can also have positive effects. Don Stewart, a researcher at Griffith University in Australia, surveyed elderly members of a chorus. He found that although they had the same health problems as other elderly people, they were actually happier than those who did not sing or those who sang alone. In addition, the chorus members visited the doctor less and took fewer medicines. After noticing these advantages, some governments are considering promoting choruses as a way to reduce the cost of medical care for the elderly.

(21) 1 improves memory 　　　2 leads to heart disease
　　 3 has many health benefits 　4 causes a number of problems

(22) 1 In fact 　　　　　2 At last
　　 3 Unfortunately 　4 Traditionally

(23) 1 once a day 　　　2 in a group
　　 2 at school 　　　　4 with a microphone

解答：(21) 3, (22) 1, (23) 2 (2016年度第1回検定より)

誰？→

正解への道

1. 長文を最初から読んでいきましょう。
2. 空所に行き当たったら，前後の文脈に沿った内容になるように，選択肢を見て語句を選びましょう。

学習のアドバイス

空所を含む文のみを見て答えられる問題はほとんどありません。あくまでも前後の文脈をしっかりと理解しなければ解けない問題となっています。文法力，語彙力，構文の知識などの総合的な力をつけて，多くの英文を読むことで読解力をアップさせましょう。

大問2　長文の語句空所補充

編集部おすすめの学習法！

Q：長文を読むのが遅いので，制限時間内に問題が解けません。どうしたら速く読めますか。

1位　読み返さずに読み下す
・日本語に訳した時の語順に合わせて，行ったり来たりしながら読むと，どうしても速度が遅くなります。英語の語順のまま，頭から順に理解できるように練習しましょう。

2位　たくさんの長文を読む
・長文を多く読むことで，英文を読むスピードが上がるはずです。

3位　分からない単語は飛ばして読む
・英語の長文を読む時に，分からない単語に行き当たるたびに辞書を引くのも1つの学習法です。ただ，速く読めるようになるためには，知らない単語は飛ばして，そのまま読み進める練習をするのがよいでしょう。前後の文脈や単語の接頭辞や接尾辞から，分からない語の意味を推測するのです。

ふううー。

大問2　長文の語句空所補充
社会・文化

次の（　　）に入れるのに最も適切なものを一つ選びなさい。

Healthy Reminders

The United States government recommends that people exercise for 30 minutes each day. Sadly, only 48 percent of Americans follow this advice. Many people make a decision to start exercising regularly, but they often give up after a short time. Abby King, of Stanford University, argues that such people often (**1**) when they do not have the help of others. Recently, she conducted some research to find new ways to provide social support to people starting exercise programs.

The 218 people taking part in the research agreed to walk 30 minutes a day for one year. They were then divided into three groups. Every three weeks, a researcher called the members of the first group to monitor their progress. If they had been following the exercise program, the caller would congratulate them and ask them to continue. If they had been missing days, the caller would encourage them to start exercising again. Members of the second group received similar calls, but they were made by a computer program rather than a human. Finally, the third group received no calls. On average, the amount of exercise done by all three groups rose during the study. The first group exercised 78 percent more than before, and the second group 50 percent more. (**2**), the increase for the third group was only 28 percent. The results showed that the calls helped people stay motivated to exercise.

After hearing about the Stanford study, managers at a sports club in Chicago decided to take action. If club members (**3**), a member of staff now calls them to offer help. For example, the staff member might suggest ways to make up for a missed session. Joining a sports team or exercising with a group is probably still the best way to stay motivated to exercise. However, for people exercising by themselves, a little encouragement seems to go a long way.

(1) 1 achieve their aims to exercise
     2 lose the motivation to exercise
     3 improve their exercising skills
     4 forget the advice

(2) 1 By chance   2 For this reason
     3 As a result   4 On the other hand

(3) 1 start exercising
     2 follow their exercise plans
     3 fail to keep to their exercise plans
     4 join the exercising team

37. instrument

The Fun of the Hunt

Fox hunting is a well-known sport typically associated with England. A group of people on horseback follow dogs called foxhounds that chase a fox and sometimes kill it. Supporters of fox hunting say that it helps to control fox populations. Many other people, however, say that the sport is cruel. This feeling (4) fox hunting in the United Kingdom in 2004. A kinder but similar sport that has become popular as far away as New York is called beagling.

Beagling utilizes beagles* instead of foxhounds, the people taking part do not ride on horseback, and the dogs chase rabbits more often than foxes. The events rarely end in the catching of a rabbit, let alone the killing of one. (5), the game is over as soon as the rabbit disappears into a hole in the ground. Beagling participants range from the very young, who are simply attempting to learn to manage the dogs, to former fox hunters who are too old to ride horseback. They all enjoy dressing up in old English costumes and sharing the excitement of the chase with their companions as they follow the dogs on foot.

The Old Chatham Hunt Club of New York owns about 100 beagles and makes it a priority to train them well. They must teach the dogs to ignore certain animals, such as deer and squirrels, and (6) rabbits. The dogs must also remain quiet unless they discover a rabbit's scent. These skills are essential when club members enter competitions against clubs from other areas. During these events, participants generally have one hour to demonstrate their skills with the dogs to two judges. This is taken very seriously, and club membership reflects it. Candidates for membership require a recommendation from an existing member and are then allowed to join only if they are voted in. Through membership fees and dedication, the club can preserve its traditions and help keep the sport alive.

*beagle：ビーグル犬

(4)   **1** became an incentive for   **2** led to an official permission to
        3 led to a ban on   **4** led to a campaign to defend

(5)   **1** Despite this   **2** Besides this
        3 On the contrary   **4** In fact

(6)   **1** take care of   **2** hear the cries of
        3 give ear to   **4** pay attention only to

38. character

健康に良いリマインダー

　アメリカ合衆国政府は，1日30分の運動をすることを国民に推奨している。残念なことに，このアドバイスに従っているアメリカ人は48パーセントにすぎない。多くの人々は定期的な運動を始める決心はするが，短期間であきらめてしまうことがよくある。そうした人々はほかの人からの助けがなければ，多くの場合，運動するモチベーションを失うのだと，スタンフォード大学のアビー・キングは主張する。彼女は最近，運動のプログラムを始めた人々に社会的支援を与えるための新しい方法を見つけるべく，研究を行った。

　研究に参加した218人の人々は，1年にわたって1日30分歩くことに同意した。それから彼らは3つのグループに分けられた。研究者が第1グループのメンバーに3週間おきに電話をして，進み具合を監視した。もし運動プログラムをきちんと行っていれば，電話をした人は彼らを褒めて，それを継続するようにお願いした。もし何日も運動をしていなければ，電話をした人は運動を再開するよう彼らを励ました。第2グループのメンバーも同様の電話を受けたが，その電話は人間ではなくコンピュータープログラムによるものだった。最後に，第3のグループは電話を受けなかった。3つのグループすべてにおいて，研究中は運動量がおおむね上昇した。第1グループは以前よりも78パーセント，第2グループでは50パーセントの人がより運動をした。一方で，第3グループにおける増加量は28パーセントにすぎなかった。電話をすることが，人々が運動するモチベーションを保つ助けになったことを，この結果は示している。

　スタンフォード大学の研究のことを聞いた後，シカゴの，とあるスポーツクラブの経営陣が行動を起こすことにした。もしクラブの会員が自分の運動プランを守れていない場合，スタッフが彼らに電話をして援助を申し出る。例えば，会員が欠席したセッションの埋め合わせをする方法をスタッフが提案するのだ。スポーツのチームに参加したり，グループで運動することが，おそらくいまだに，運動をするモチベーションを保つための最良の方法だろう。しかし，自分1人で運動をする人々にとっては，少しの励ましが非常に効果的であるようだ。

重要表現

- reminder [rimáindər] 名 思い出させる人［物］
- argue that ... …と主張する
- motivation [mòutəvéiʃən] 名 モチベーション，動機（付け）
- take part in ～に参加する
- divide A into B A を B に分ける
- monitor [mánətər] 動 ～を監視する，監督する
- congratulate [kəngrǽtʃəlèit] 動 （人）にお祝いを言う
- encourage O to do O（人）に～するよう励ます
- on average 平均して，おおむね
- take action 行動を起こす
- session [séʃən] 名 （特定の）活動のための集まり，授業
- go a long way 長持ちする，大いに役立つ

38. 名 性格

(1) 解説 **1** achieve their aims to exercise「運動する目的を達成する」, **2** lose the motivation to exercise「運動するモチベーションを失う」, **3** improve their exercising skills「運動するスキルを向上させる」, **4** forget the advice「アドバイスを忘れる」。 解答 **2**

空所の主語は such people（そのような人々）なので，前文を見てみる。「多くの人々は運動を始める決心はするが，短期間であきらめてしまう」とあり，such people はこうした人々を指しているのだと分かる。give up と類似の内容を表す **2** がふさわしい。

(2) 解説 **1** By chance「偶然に」, **2** For this reason「この理由で」, **3** As a result「その結果」, **4** On the other hand「一方，逆に」。 解答 **4**

接続詞的な副詞句を選ぶ問題。空所前後の文の内容を比較すれば，対照を表す on the other hand が適切だと分かる。特に空所で始まる文中の "only 28%" の部分に注目する。

(3) 解説 **1** start exercising「運動を始める」, **2** follow their exercise plans「自分の運動プランに従う」, **3** fail to keep to their exercise plans「自分の運動プランを守れない」, **4** join the exercising team「運動チームに参加する」。 解答 **3**

空所後の文には「スタッフが彼らに電話をして援助を申し出る」とある。これは第2段落で詳しく述べられた研究を踏まえたスポーツクラブの新しいサポート計画なので，if 節は「もしクラブの会員が自分の運動プランを守れていない場合」という内容にすればよい。

狩猟の楽しみ

　キツネ狩りは，一般的にイングランドを連想させる，よく知られたスポーツである。キツネを追いかけて時に殺してしまう，フォックスハウンドという名前の犬の後を，人々の一団が馬に乗ってついて行くのである。キツネ狩りの支持者は，それがキツネの個体数を抑制するのに役立つと言う。しかし，ほかの多くの人々は，これは残酷なスポーツであると言っている。この感情が，2004年の英国におけるキツネ狩りの禁止につながった。遠く離れたニューヨークで人気が出た，これに類似しているけれどもより優しいスポーツが，ビーグリング（ウサギ狩り）と呼ばれるものである。

　ビーグリングではフォックスハウンドの代わりにビーグル犬を使い，参加する人々は馬には乗らない。そして，この犬はキツネよりもウサギをしょっちゅう追いかける。試合はウサギを殺すどころか，捕らえて終わることもめったにない。実際には，ウサギが地面の穴に姿を消すとすぐにゲームは終わる。ビーグリングの参加者は，単に犬を手なずけることを学ぼうとしているとても若い人々から，馬に乗るにはあまりにも年を取ってしまった元キツネ狩り愛好家にまでわたっている。彼らは皆，昔ながらのイングランド人の衣装を身にまとうことや，追いかける興奮を仲間たちと分かち合うことを楽しみながら，徒歩で犬の後を追う。

　ニューヨークのオールド・チャタム狩猟クラブは，およそ100匹のビーグル犬を所有しており，それらをよく訓練することを優先事項としている。彼らは犬に，特定の動物，例えばシカやリスは無視し，ウサギだけに注意を払うよう教えなければならない。また，ウサギの匂いを発見しない限り，犬は静かにしたままでいなければならない。クラブのメンバーがほかの地域のクラブとの競技会に参加する時，こうした技術が重要になる。これらの試合では，参加者には通常1時間が与えられ，2人の審判に対し，犬とともに自分たちの技術を見せる。これはたいへん重く受け止められていて，クラブの会員資格にも反映される。会員の候補者は現会員からの推薦が義務づけられており，その推薦を受けた後，選出された場合のみ入会が許可される。会費と献身を通して，クラブはその伝統を維持し，このスポーツを存続させるのを助けることができるのである。

重要表現

- associate A with B　AをBと結びつける
- ban [bæn]　名 禁止
- utilize [júːtəlàiz]　動 ～を利用する
- rarely [réərli]　副 めったに～ない
- range [reindʒ]　動 （～の範囲に）わたる
- attempt to do　～しようと試みる
- priority [praiɔ́ːrəti]　名 優先事項
- pay attention to　～に注意を払う
- scent [sent]　名 匂い
- demonstrate [démənstrèit]　動 ～を明示する，証明する
- candidate [kǽndədèit]　名 候補者
- vote in　（人）を選出する
- dedication [dèdəkéiʃən]　名 献身

39. 名 収入

(4) **解説** 1 become an incentive to「〜に刺激になる」, 2 lead to an official permission to「〜の公式な許可につながる」, 3 lead to a ban on「〜の禁止につながる」, 4 lead to a campaign to defend「〜を擁護する運動につながる」。

解答 3

空所前の文には「多くの人々がキツネ狩りは残酷だと考えている」とあり, 空所の文の主語 This feeling はこれを受けている。否定的な感情は「キツネ狩りの禁止につながった」とするのが自然な文脈。

(5) **解説** 1 Despite this「これにもかかわらず」, 2 Besides this「このほかに」, 3 On the contrary「逆に」, 4 In fact「実際には」。

解答 4

空所前の文には「試合はウサギを殺すどころか, 捕らえて終わることもめったにない」とあり, 空所後には「ウサギが地面の穴に姿を消すとすぐにゲームは終わる」とある。この2つをスムーズにつなぐのは 4 In fact「実際には」。

(6) **解説** 1 take care of「〜の世話をする」, 2 hear the cries of「〜の鳴き声を聞く」, 3 give ear to「〜に耳を傾ける」, 4 pay attention only to「〜だけに注意を払う」。

解答 4

空所の文の前半は「犬に, 特定の動物, 例えばシカやリスは無視するように教えなければならない」とあり, 空所はウサギに対してどのような行動をとらせるべきかを述べるものである。ウサギ狩りでの犬の行動として最も適切なのは「ウサギだけに注意を払う」(pay attention only to)。

40. recognition

Back to the Basics

New technology has provided us with many ways of sending messages to one another, such as e-mail, social-networking websites, and cell phones. These days, fewer people write letters or postcards to friends. In the business world, (1), handwritten communication has become rare. This has led some people to predict that learning to write with a pen and paper will become less important in the future.

For now at least, though, being able to write neatly is essential for students in the United States. Although the amount of time reserved for handwriting classes has decreased, most elementary school teachers in grades one to three still teach handwriting for about an hour a week. Even up until high school, most school reports must be written by hand, and students can lose marks in many tests if their writing is not neat enough.

In fact, recent scientific research suggests that it would be unwise to abandon traditional ways of learning to write. One experiment conducted by researchers at Indiana University used a special machine to scan the brains of children who (2) of the alphabet. The researchers compared children who learned the letters just by looking at them with children who actually practiced writing them. The scans showed more brain activity in the latter group when they were shown the letters they had learned. What is more, this brain activity was similar to that found in adults carrying out a similar task.

Karen Harman James, the leader of the researchers at Indiana University, says that children benefit greatly by learning to write with a pen and paper. The physical action of writing letters stimulates the parts of the brain associated with thinking, language and memory. A study by Virginia Beringer of the University of Washington showed that children were able to write longer essays with more ideas in them when they were writing by hand than when they (3).

(1)   **1** on the other hand   **2** in particular
    3 in addition   **4** of course

(2)   **1** knew letters
    2 were good at writing letters
    3 were learning letters
    4 were learning traditional writing

(3)   **1** were writing on a keyboard
    2 were writing with a pen and paper
    3 were thinking with their brain
    4 were just looking at the letters

Building a New Method

Constructing a large building, such as a hospital or an airport terminal, is an extremely difficult task to organize. The traditional method of planning used in the construction industry involves several separate stages. First, the client and a design team draw up a plan for the building and then pass it to a construction team. After the construction team has made changes to the plan, they give it to individual contractors to add various systems, such as electrical wiring and pipes for water. Often, potential problems are only noticed after all these different elements have been added to the plan. (　4　), if the air-conditioning system is taking up space needed for water pipes, the plan has to be sent back to each team and changed.

Now, however, many construction companies use a new method called virtual design and construction (VDC). In this method, special software is used to create a virtual 3D plan of the building on a computer. A project manager oversees the project from the pre-design phase to the very end. He or she coordinates with the contractors to make sure their systems work together. Because all the information about the building is stored in one place, potential problems can be discovered quickly, and the project manager can develop solutions long before supplies are ordered and construction begins. Construction companies avoid having to (　5　), and so they save a great deal of time and money.

VDC is being used by companies building a new hospital in San Francisco. Originally, the project was estimated to cost $1.5 billion and due to be completed in November 2014. However, thanks to the new method, the budget has been cut by $100 million and the completion date (　6　). As this method has already proven successful on many projects, its influence is likely to spread and continue to gain in popularity.

(4) 1 For instance   2 At first
     3 Because of this   4 In other words

(5) 1 take counsel with the manager
     2 develop their own solutions
     3 buy unnecessary materials
     4 collect the information about the building

(6) 1 extended by five months   2 not determined yet
     3 fixed beforehand   4 brought forward by five months

42. foundation

基本に戻る

　新しい技術によって，われわれはお互いにメッセージを送る多くの手段を手に入れた。例えばEメール，ソーシャル・ネットワーキング・ウェブサイトや携帯電話がそうである。最近では，友人に手紙やはがきを書く人は少ない。特にビジネスの世界では，手書きの通信は珍しくなった。このため，ペンと紙を使って書く学習をすることは，将来より重要性が低くなるだろうと予測する人も出てくるようになった。

　しかし，少なくとも今のところは，きちんと書くことができるということは，アメリカ合衆国の学生にとって不可欠である。手書きの授業のために確保される合計時間は減少したものの，小学校1年から3年の大部分の教師はいまだに，およそ週に1時間手書きを教えている。さらに高校までは，ほとんどの学校のレポートは手書きでなければならない。そして，彼らの書いた文字が十分にきれいでなければ，学生たちは多くのテストで点数を失うこともある。

　実際，最近の科学研究では，書くことを学ぶ伝統的なやり方を放棄するのは賢明ではないということが示されている。インディアナ大学の研究者によって行われたある実験では，アルファベット文字を学んでいる子どもたちの脳をスキャンするために，特別な機械が使用された。研究者は，見ることだけで文字を学んだ子どもたちと，実際に文字を書くことを練習した子どもたちを比較した。子どもたちが学んだ文字を見せられた時，後者のグループにおいて，より活発な脳の活動があることがスキャンによって示された。さらにこの脳の活動は，類似した作業を実行している大人に見られるそれと類似していた。

　インディアナ大学の研究者たちのリーダーである，カレン・ハーマン・ジェームズは，ペンと紙を使って書く学習をすることで，子どもたちは大いに恩恵を受けると言う。文字を書くという身体の動きは，思考，言語活動，および記憶と関連する脳の部分を刺激する。ワシントン大学のヴァージニア・ベーリンガーによる調査では，キーボードで書いている時よりも手で書いている時の方が，子どもたちはより多くの考えを含む，より長い文章を書くことができることが示された。

重要表現

- provide A with B　AにBを提供する
- one another　（通例3つ以上のもので）お互いに
- predict [pridíkt]　動 〜を予測する
- neatly [ní:tli]　副 きれいに，きちんと
- essential [isénʃəl]　形 必須の
- mark [mɑːrk]　名 点数
- neat [niːt]　形 きれいな，きちんとした
- conduct [kəndʌ́kt]　動 〜を実施する
- scan [skǽn]　動 スキャンする　名 スキャン
- what is more　その上
- benefit [bénəfit]　動 利益を得る
- physical [fízikəl]　形 身体的な
- essay [ései]　名 エッセイ，小論文

42. 名 基礎

(1) **解説** 1 on the other hand「一方で」, 2 in particular「特に」, 3 in addition「さらに」, 4 of course「もちろん」。 **解答 2**

空所には接続詞的表現が入る。前文には「最近では，友人に手紙やはがきを書く人は少ない」とあり，空所のある文は「ビジネスの世界では，手書きの通信は珍しくなった」とある。前文は一般論であるのに対し，空所のある文はビジネスの世界に特化して述べている例と考えられるので，in particular「特に」でつなぐのが適切。

(2) **解説** 1 know letters「文字を知っている」, 2 are good at writing letters「文字を書くのがうまい」, 3 are learning letters「文字を学んでいる」, 4 are learning traditional writing「伝統的な書き方を学んでいる」。 **解答 3**

空所の文は，ある実験で子どもたちの脳のスキャンが行われたことを述べている。空所はスキャンが行われた子どもたちを説明する who 節。後の文に実験の詳細が述べられているので，そこから判断する。実験では「見ることだけで文字を学んだ子どもたち」と「実際に文字を書くことを練習した子どもたち」が比較され，それについて検討が行われたとある。子どもたちはどちらも「文字を学んでいる」ので，3 が適切。

(3) **解説** 1 are writing on a keyboard「キーボードで書いている」, 2 are writing with a pen and paper「ペンと紙を使って書いている」, 3 are thinking with their brains「自分の頭を使って考えている」, 4 are just looking at the letters「文字をただ見ている」。 **解答 1**

空所の文は「ペンと紙を使って書くことを学ぶことによって子どもたちが得る恩恵」の1つの例。子どもたちがより多くのアイデアを使ってより長いエッセイを書くことができるのは手で書いている時だが，比較されている時はどんな時かを考える。主節には「エッセイを書くことができる」とあるので，writing（書く）という行為は含み，手書きでない言い方を選ぶ。

大問2 長文の語句空所補充

43. sorrow

新しい方法の構築

　病院や空港ターミナルのような大きな建築物を建設することは，計画するのが極めて難しい作業である。建設業界で使用される伝統的な計画方法には，いくつかの独立した段階がある。まず，依頼人と設計チームが建物の設計図を描き上げ，それを建築チームに渡す。建築チームは設計図に変更を加えた後，電気の配線や水道の配管といったさまざまなシステムを加えるよう，別々の請負業者にそれを渡す。これらのさまざまな要素すべてが設計図に加えられて初めて，潜んでいた問題が見つかることが非常に多い。例えば，空調システムが水道管に必要なスペースをふさいでいれば，設計図をそれぞれのチームに送り返し，変更を加えなければならない。

　しかしながら現在，多くの建設会社は，仮想設計と施工（VDC）と呼ばれる新しい方法を使っている。この方法では，コンピューター上で建物の仮想3次元設計図を作成するために，特別なソフトウェアが使用される。事業責任者は，設計前の段階から一番最後まで，その事業を監督する。責任者は請負業者と連携し，自分たちのシステムが確実に連動するようにする。建築物に関するすべての情報が1つの場所に蓄積されるので，潜在的な問題を素早く発見することができ，そして，資材が注文されて建築が始まるずっと前に，事業責任者は解決策を見つけることができる。建築会社は不要な資材を買うことを避けることができるので，多くの時間と金が節約できる。

　VDCは，サンフランシスコに新しい病院を建設している会社数社によって使用されている。当初，その事業には15億ドルがかかると見積もられ，2014年11月に完成することになっていた。しかし，新しい方法のおかげで，費用は1億ドル削減され，そして完成日は5カ月前倒しになった。この方法はすでに多くの事業でうまくいくことが立証されているので，その影響力は広がり，人気が増していきそうである。

重要表現

- extremely [ikstrí:mli]　副 極めて
- organize [ɔ́:rgənàiz]　動 ～を組織する，系統立てる
- client [kláiənt]　名 顧客，依頼人
- contractor [kántræktər]　名 請負業者，契約人
- potential [pəténʃəl]　形 潜在的な
- virtual [vɔ́:rtʃuəl]　形 仮想の
- phase [feiz]　名 段階，局面
- coordinate with　～と連携する
- estimate [éstəmèit]　動 ～を見積もる
- thanks to　～のおかげで
- bring forward　～の日程を早める

43. 名 悲しみ

(4) 解説 **1** For instance「例えば」，**2** At first「最初は」，**3** Because of this「このため」，**4** In other words「言い換えれば」。　解答 **1**

空所で始まる文の内容が，前文の具体例になっていることから，for instance「例えば」が正解。

---

(5) 解説 **1** take counsel with the manager「マネジャーと相談する」，**2** develop their own solutions「自分たちの解決策を見つける」，**3** buy unnecessary materials「不要な資材を買う」，**4** collect the information about the building「建築物に関する情報を集める」。　解答 **3**

空所後の文で「建設会社は多くの時間と金が節約できる」とあり，これが「だから」という結果を表す so で結ばれている。時間と金を節約する条件としてふさわしいのは「不要な資材を買わなければいけないことを避ける」こと。

---

(6) 解説 **1** extend by five months「5 カ月延期する」，**2** not determine yet「まだ決めていない」，**3** fix beforehand「前もって決める」，**4** bring forward by five months「5 カ月前倒しにする」。　解答 **4**

空所後の文に「この方法がすでにうまくいくことが立証されている」とあるので，空所の文は VDC を使った建築によってどれだけの成果がもたらされたかを知らせる内容にならなければならない。「完成日が 5 カ月前倒しになった」（brought forward by five months）という内容が成功例として最もふさわしい。

大問 2 長文の語句空所補充

おつかれさま。

ZZZ

大問 3

長文の内容一致選択

合格のポイント	112
重要度 Ⓐ Eメール	114
重要度 Ⓑ 科学・テクノロジー	122
重要度 Ⓒ 医療・健康,自然・生物	130

大問 3　長文の内容一致選択
合格のポイント

どんな問題？

　[A]［B］［C］3つの長文に，内容に関する問題がそれぞれ3問，4問，5問出題されます。英文の内容は，[A]はEメール，[B]と[C]はエッセイです。
　解答時間の目安はそれぞれ，[A]8分，[B]12分，[C]15分です。

From: Sarah Hunter <hunter.sarah@b4all.org>
To: City Editor <announcements@westontimes.com>
Date: October 12, 2014
Subject: Book collection

Dear City Editor,
My name is Sarah Hunter, and I am the managing director at Books-for-All, an organization that helps improve the reading skills of children around the world. We send volunteers to rural areas in developing countries to teach children how to read and write. Our organization also raises money to build libraries in these areas. I saw that your newspaper, the *Weston Times*, has a page every Tuesday that advertises community events. I would like to ask you to put an announcement on this page to advertise an event that we will be having next month. On November 8, Books-for-All is going to have a book collection where members of the community can donate books. All the books that we collect will be given to our libraries abroad or to children. The collection will be held from 10 a.m. to 5 p.m. at the Weston Community Center. Also at the event, Joe Pratt, the program manager of our library projects, will show a video and give a presentation about how people can volunteer with Books-for-All. The video will start at 2:00 p.m. and will be followed by the presentation at 2:30. If you could print an announcement about our event, I would be very thankful. Please contact me if you need any more information or have any questions.
Sincerely,
Sarah Hunter

---

(34) Sarah Hunter says she
　1 wants to write a book on how to raise money for charity.
　2 volunteers at a library to help students with their homework.
　3 works for an organization that helps children learn to read.
　4 is looking for some teachers to work at schools in rural areas.

ぐうぐう。

(35) What does Sarah Hunter want the editor at the *Weston Times* to do?
   1 Give copies of the newspaper to children so they can practice reading.
   2 Publish an announcement about a book-collecting event.
   3 Ask a reporter to write an article about the history of Books-for-All.
   4 Put an ad in the newspaper asking for money to build a library.

(36) What is one thing Joe Pratt will do at the Weston Community Center?
   1 Explain how people can help with his organization's activities.
   2 Give a lecture to managers about library-building projects.
   3 Answer questions that people have about the organization.
   4 Record a video of a lecture which will be shown at an event.

解答：(34) 3, (35) 2, (36) 1 （2014年度第2回検定より）

正解への道

1 いきなり文章を読み始めるのではなく，あらかじめ質問と選択肢にざっと目を通して，何が問われるのかをつかんでおきましょう。[A] のEメールの場合には，ヘッダーにある，発信人，宛先，日付，件名，[B] [C] のエッセイの場合には，タイトルにも先に目を通します。

2 英文を読んでいきましょう。質問は上から段落ごとに問われることがほとんどなので，問われている内容に行き当たったら，順番に質問に答えていきましょう。

学習のアドバイス

[B] [C] のエッセイのトピック内容は，科学・テクノロジー，医療・健康，自然・生物，歴史・文化など幅広く出題されます。トピック内容の専門的な知識は必要ではありませんが，過去問を中心とした多くの長文を読んで，長文読解力をアップさせましょう。

大問3　長文の内容一致選択
E メール

次の英文の質問に対して最も適切なものを一つ選びなさい。

From: Bob Jameson <bjameson@amosprinting.com>
To: Nancy Schroder <n-schroder@caputoproducts.com>
Date: May 23, 2016
Subject: Order #5532968

Dear Ms. Schroder,

We received your order for 20,000 pamphlets on May 20. Thank you for upgrading from the standard package to the premium package. Although the premium package is more expensive, the printing quality is higher. Many companies notice an increase in sales after they switch to this package. I hope this will also be your experience at Caputo Products.

The original delivery date for your order was June 22. However, I am afraid that we will have to push that date back. I contacted our paper supplier yesterday, and the representative there said that they had been having problems with some of their machinery. As a result, they won't be able to send any deluxe paper to our warehouse for another two weeks. Nevertheless, I can guarantee that we will deliver your order by July 1.

I am terribly sorry if this causes you any inconvenience. To make up for the wait, I would like to offer either to double your order of pamphlets for free or to give you a discount of 25 percent off your next order. Please let me know your choice in your response, and I will take care of the necessary paperwork right away. Thank you for your understanding and cooperation.

Sincerely,
Bob Jameson
Sales Representative, Amos Printing

(1) What is one thing Bob Jameson says about Ms. Schroder's order?

  1 He thinks it would have been better if she had chosen the standard package.
  2 He hopes that the pamphlets will help her company increase its sales.
  3 The price has increased since she made the order on May 20.
  4 Amos Printing sells more premium packages than standard packages.

(2) In the next two weeks,

  1 work will begin on printing the pamphlets that Ms. Shroder ordered.
  2 Ms. Schroder will receive delivery of the pamphlets she ordered.
  3 Bob Jameson will not be able to contact the paper supplier representative.
  4 Amos Printing will not receive any deluxe paper from its supplier.

(3) What does Bob Jameson ask Ms. Schroder to do?

  1 Tell him when he should deliver her order.
  2 Send him the paperwork for her next order.
  3 E-mail him with her choice of offer.
  4 Increase her current order by 25 percent.

From: Judy Hudson <jhudson@startraveler.com>
To: Mark Pearce <mark.pearce@englesoftware.com>
Date: August 9, 2016
Subject: Your inquiry

Dear Mr. Pearce,

Thank you for your inquiry. Star Traveler would be happy to make arrangements for your company's trip to Cancun in January. I will be in charge of your reservations, so please contact me directly with questions. I can be reached by e-mail or by phone at 555-9623. Please note that our hours are 8 a.m. to 5 p.m. Monday through Friday and 10 a.m. to 3 p.m. on Saturday.

There is a choice of two hotels in Cancun: the Hotel Zone or the Riviera Maya. They both have swimming pools overlooking the ocean, private beaches, and many other excellent facilities. When you have a moment, please check our website to see exactly what each hotel offers. Let me know which one you prefer, and I will make the necessary reservations.

As for group rates, your group of 13 employees will be treated as a small group and will qualify for a 15 percent discount. Since a large group is 14 or more people and receives a 25 percent discount, please let me know if the size of your group increases. When the basic details are decided, we can discuss optional meals and sightseeing tours in the local area. I look forward to working with you.

Sincerely,
Judy Hudson
Group Travel Representative
Star Traveler

(4) What does Judy tell Mr. Pearce about his inquiry?

  1 Another company is traveling to Cancun at the same time.
  2 She will personally take care of his company's reservation.
  3 The agency has shorter hours than usual this week.
  4 The best way to reach her directly is by phone.

(5) What does Judy want Mr. Pearce to do?

  1 Tell her which hotel he would like her to book.
  2 Check the Internet to find out how to make a reservation.
  3 Call the staff at the two hotels to ask about the facilities.
  4 Let her know about his favorite beach in Cancun.

(6) If one more traveler joins the trip,

  1 they will have to look for a different hotel.
  2 they will receive 15 percent off their meals.
  3 they can take an optional tour free of charge.
  4 they can get a bigger discount on their reservation.

発信人：ボブ・ジェームソン <bjameson@amosprinting.com>
宛先：ナンシー・シュローダー <n-schroder@caputoproducts.com>
日付：2016年5月23日
件名：注文番号 5532968

シュローダー様
5月20日に2万部のパンフレットのご注文を承りました。標準パッケージから高級パッケージにグレードを上げていただき，ありがとうございます。高級パッケージはより高額ですが，印刷の品質はより高くなります。多くの会社から，このパッケージに変更後，売り上げが増大したと伺っております。カプート・プロダクツにおかれましても，同様のことが起こりますことを望んでおります。
貴社のご注文の当初の納期は6月22日でした。しかし，申し訳ございませんが，この納期を延期しなくてはならなくなりました。昨日，紙の供給元と連絡を取ったのですが，そこの担当者によると，機械の一部に問題が発生しているとのことでした。その結果，あと2週間，当社の倉庫には高級用紙が送られてきません。とはいえ，7月1日までにはご注文の品をお届けすることをお約束いたします。
このことで，もし何かご不便をおかけすることになれば，誠に申し訳ございません。お待たせすることについて埋め合わせをさせていただくために，貴社のパンフレットのご注文数を無料で2倍にさせていただくか，次回のご注文を25パーセント割引させていただくか，どちらかをご提供したいと思います。ご返信でどちらをご希望かをお知らせいただければ，すぐに必要な書類の作成を行います。
ご理解とご協力に感謝申し上げます。
敬具
ボブ・ジェームソン
販売担当，エイモス印刷

重要表現

- upgrade [ʌpgréid] 動 〜の質を高める，（等級など）を上げる
- standard [stǽndərd] 形 標準の
- premium [príːmiəm] 形 上等な，上質な
- sale [seil] 名 (-s で) 売上高
- push back 〜を延期する
- supplier [səpláiər] 名 供給元，部品製造業者
- representative [rèprizéntətiv] 名 担当者，代表者
- make up for 〜の埋め合わせをする
- double [dʌbl] 動 〜を2倍にする
- response [rispάns] 名 返答，回答
- paperwork [péipərwɚːrk] 名 文書業務，事務処理

45. 名 勇気

(1) 訳 ボブ・ジェームソンがシュローダーさんの注文について言っている1つのことは何か。　解答 **2**
1　彼女は標準パッケージを選んだ方が良かっただろうと，彼は思っている。
2　パンフレットが彼女の会社の売上高を増やすのに役立つことを，彼は望んでいる。
3　彼女が5月20日に注文をした時から，価格は上昇した。
4　エイモス印刷では標準パッケージよりも，高級パッケージの方を多く販売している。

解説　第1段落第4文で，多くの会社で高級パッケージのパンフレットへの変更が売上増につながっていると述べ，次の第5文で，I hope this will also be your experience … と続けている。this は第4文の内容を指す。

(2) 訳 これから2週間,　解答 **4**
1　シュローダーさんが注文したパンフレットを印刷する作業が始まるだろう。
2　シュローダーさんは，彼女が注文したパンフレットの配達を受け取るだろう。
3　ボブ・ジェームソンは，紙の供給元の担当者と連絡を取れないだろう。
4　エイモス印刷は，その供給元から高級用紙を全く受け取らないだろう。

解説　第2段落では注文の納期が後ろにずれそうであるということが述べられている。特に，文末に … for another two weeks「あと2週間は…」という表現を含む第4文の内容が，選択肢4と一致する。

(3) 訳 ボブ・ジェームソンは，シュローダーさんに何をするように頼んでいるか。　解答 **3**
1　彼がいつ彼女の注文の品を届けるべきかを知らせる。
2　次の注文のための書類を彼に送る。
3　申し出に対する彼女の選択を，彼にEメールで送る。
4　現在の注文を25パーセント増やす。

解説　第3段落第2文で，either to double your order of pamphlets … or to give you a discount of 25 percent off … と，ボブ・ジェームソンは，シュローダーさんに2つの選択肢を提示している。さらに次の第3文で，どちらを選択するか返信で知らせてほしいと述べている。

46. illustration

発信人：ジュディ・ハドソン <jhudson@startraveler.com>
宛先：マーク・ピアース <mark.pearce@englesoftware.com>
日付：2016年8月9日
件名：お問い合わせの件

ピアース様
お問い合わせありがとうございます。スター・トラベラーは，1月の貴社のカンクーン旅行のお手配をさせていただければ，うれしく思います。私が貴社のご予約を担当いたしますので，ご質問がございましたら直接私にお願いいたします。Eメール，または電話番号555-9623までご連絡ください。当社の営業時間は，月曜日から金曜日が午前8時から午後5時まで，土曜日が午前10時から午後3時までとなります。

カンクーンのホテルは選択肢が2つあります。ホテル・ゾーン，もしくはリビエラ・マヤです。両方とも，海を見渡すことができるプール，プライベートビーチ，その他多くの素晴らしい施設がございます。お時間のある時に，当社のウェブサイトをご覧いただき，各ホテルが提供するものを詳しくご確認ください。どちらがお好みかをお知らせいただけましたら，必要な予約を入れさせていただきます。団体料金に関しましては，貴社社員13名の場合，小団体の扱いで，15パーセントの割引になります。14名以上の大きな団体では25パーセントの割引になりますので，人数が増える場合は，どうぞお知らせください。基本的な項目が決まれば，現地でのオプションの食事や観光ツアーについてのお話し合いをさせていただくことができます。貴社とお仕事をさせていただけるのを楽しみにしております。

敬具
ジュディ・ハドソン
団体旅行担当
スター・トラベラー

重要表現

- inquiry [inkwáiəri] 名 問い合わせ
- arrangement [əréindʒmənt] 名 手配
- in charge of ～を担当して
- contact [kántækt] 動 ～と連絡を取る
- reach [riːtʃ] 動 ～と連絡を取る
- overlook [òuvərlúk] 動 ～を見渡す
- private beach プライベートビーチ（宿泊客専用の海水浴場）
- facility [fəsíləti] 名 施設，設備
- qualify for ～の資格を得る

46. 名 イラスト，図解

(4) 訳 ジュディはピアース氏に，問い合わせについて何と言っているか。 解答 2
1 別の会社が同時期にカンクーンに旅行する予定だ。
2 彼女自身が彼の会社の予約を担当する。
3 今週その代理店は，いつもより営業時間が短い。
4 直接彼女と連絡を取るのに一番いい方法は電話である。

解説 このメールはピアース氏の問い合わせに対するジュディからの回答で，第1段落には彼女の連絡先の情報が書かれている。第1〜2文で礼を述べ，第3文で彼女自身が担当することを述べている。

(5) 訳 ジュディはピアース氏に何をしてほしいのか。 解答 1
1 彼女にどちらのホテルを予約してほしいかを知らせる。
2 予約をする方法を知るために，インターネットを確認する。
3 2つのホテルのスタッフに電話し，施設について尋ねる。
4 カンクーンにある彼の好きなビーチを彼女に知らせる。

解説 第2段落にはホテルの選択肢が2つあることについて書かれている。第3文にウェブサイトでホテルの詳細を確認してほしいとある。さらに次の第4文では，好きな方のホテルを知らせてほしいと述べている。

(6) 訳 もしもう1人の旅行者が旅行に加われば， 解答 4
1 彼らは別のホテルを探さなければならない。
2 彼らの食事が15パーセント割引になる。
3 彼らは無料でオプショナル・ツアーに行くことができる。
4 彼らはより大きい割引率で予約することができる。

解説 第3段落第1文には，ピアース氏の団体が13人で15パーセントの割引を受けることになると書かれている。続く第2文から，1人多い14人以上であれば25パーセントの割引になることが分かる。

47. approach

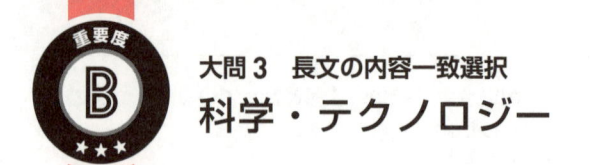

Saving History

When the Taliban in Afghanistan purposely destroyed the ancient Bamiyan Buddha statues in 2001, Ben Kacyra was deeply saddened by the loss of these important historical monuments. Moreover, he knew that there were no records of the statues from which to rebuild. At the same time, other historical sites around the world were threatened daily by natural disasters, poor management, and human influences. This is when Kacyra decided to apply his structural engineering skills to help preserve the world's history.

In 2003, Kacyra established a nonprofit organization called CyArk with the mission of recording information about as many World Heritage sites as possible. He planned on using laser scanning technology, which he had helped invent some years before. The laser produces a light that hits a structure in the distance and returns to a sensor. The sensor records the amount of time it takes the light to come back. After taking scans from many angles, Kacyra's system uses the data to create a picture of points. This is a 3-D image of the structure, accurate to within a few millimeters. The system even records the color and brightness of the surface.

With this technology ready, Kacyra chose several endangered World Heritage sites to scan. Included in those selected were the Angkor Wat temple, in Cambodia, and the royal Kasubi tombs, in Uganda. The scan of the latter site has already proven beneficial. This is because only a year after the scan was completed by CyArk, the wooden structure of the tombs burned to the ground. Within days, a Bugandan prince had made contact with CyArk to discuss rebuilding it.

Now, with a network of partners across the world to help record data, Kacyra and CyArk are trying to digitally preserve 500 World Heritage sites in five years. The goal is to make all of the data publicly available on the organization's website. By doing this, it will be an educational resource for people who want to experience historical sites but are not able to actually visit them. The data will also help people preserve the sites as precisely as possible. So far, Kacyra is making great progress on his ambitious project.

(1) What is one reason that Ben Kacyra was upset when the Buddha statues in Afghanistan were destroyed?
1 He had been planning to go to Afghanistan to see them.
2 There was no way to rebuild them as they were.
3 The records had been poorly managed.
4 He was unable to apply his skills earlier.

(2) What does CyArk's laser scanning technology do?
1 It takes pictures of things from a distance of a few millimeters.
2 It records the number of times a light hits a distant structure.
3 It creates a 3-D object that is the same size as the real thing.
4 It uses data points to produce a precise image of an object.

(3) How has the scan of the Kasubi tombs proven beneficial?
1 It has made it possible to recreate the structure now that it has burned down.
2 It has allowed people to build similar wooden structures around the world.
3 It has helped CyArk finally make contact with the Bugandan prince.
4 It has helped get the site off the World Heritage site's endangered list.

(4) One thing that Kacyra wants to do is
1 tell people which historical sites are worth visiting.
2 travel across the world to explain to people how he records data.
3 make digital records of important historical sites available to the public.
4 visit the websites of 500 World Heritage sites in 5 years.

48. contribution

A Personal Space Age

In 1957, the Soviet Union launched the world's first artificial satellite to study the earth's atmosphere. Since then, various governments and corporations have sent over 2,000 more satellites to space, ranging in purpose from military observation to weather prediction. Typically, large satellites cost millions of dollars to make and launch. This is because some of the technology and parts used are developed specially for each project. As a result, the thought of sending personal satellites into space failed to enter the minds of most people—until now.

Pumpkin Inc., run by Stanford University's Andrew Kalman, is unique in that it specializes in selling kits for making personal satellites known as CubeSats. Pumpkin makes some of the parts for the kits itself. For other parts, though, instead of developing new technology, Pumpkin uses items that are commercially available. For example, CubeSat kits contain memory sticks that are also used in digital cameras and cell phones. Pumpkin's customers put the CubeSats together themselves and personalize them for their projects. For these reasons, Pumpkin can sell its CubeSats for as little as $7,500.

Currently, the company leads the world in sales of the CubeSat kits, having sold 280 since 2003. The satellite's aluminum frame measures 10 centimeters on each side, and including the electronics, software, and memory, a CubeSat weighs only 1 kilogram. The CubeSat is built to function properly despite the changes in temperatures and lack of gravity in space. The biggest problem is launching it. Pumpkin must rent space on a rocket through NASA or a foreign launch service, for which detailed negotiations and a great deal of money are necessary.

The majority of Pumpkin's clients are universities aiming to conduct research from a new angle. Recently, the U.S. government approached the company with a large order of 12 specialized CubeSats. This order provided income and publicity for the company, but Kalman predicts that Pumpkin will continue to focus mainly on nongovernmental customers in the future. He is confident that people will seek out the guidance and products offered by his company as word spreads about the successes of its CubeSats.

(5) What is one reason large satellites typically cost so much to make and launch?
1 Some parts are made specifically for each satellite.
2 Military satellites have to be strong for their purposes.
3 Each project requires experts from many countries.
4 The technology fails many times before it works.

(6) The kits that Pumpkin Inc. sells
1 contain digital cameras produced at Stanford University.
2 can also be bought from many other American companies.
3 use memory sticks that were developed by Andrew Kalman.
4 include items that are already available on the market.

(7) A big problem with launching a CubeSat is
1 making sure that it is attached properly to a rocket.
2 guaranteeing that it can survive space temperatures.
3 negotiating a deal with a launch service.
4 reducing the weight down to only 1 kilogram.

(8) What is one thing that Andrew Kalman says about Pumpkin's future?
1 He hopes to get guidance from universities on how best to get publicity.
2 Orders from the government will not be the company's main source of income.
3 The products offered by Pumpkin will continue to change each year.
4 The company will not be able to continue without help from the government.

49. lack

歴史の保存

　2001年，アフガニスタンのタリバンが古代バーミヤーンの仏像を故意に破壊した時，ベン・カシラは，これらの重要な歴史的遺跡が失われたことに，深い悲しみを感じた。さらに彼は，再建するための元になる，その像の記録が存在しないことを知った。同時に，世界中にあるほかの史跡が，天災，劣悪な管理，そして人間の影響に，日々脅かされていた。この時カシラは，自分の構造工学の技術を，世界の歴史を保存するのに役立てるために用いようと決めたのだ。

　2003年，カシラは，可能な限り多くの世界遺産に関する情報を記録する任務を受け持つ，サイアークと呼ばれる非営利団体を設立した。何年か前に彼が発明を手伝った，レーザースキャニングの技術を使うことを彼は計画した。レーザーは光線を出し，その光線は遠くにある構造物にぶつかって，センサーに戻る。センサーは，光線が戻るまでにかかった時間を記録する。さまざまな角度からスキャンした後，カシラのシステムはそのデータを使用して，点でできた絵を作成する。これは構造物の三次元イメージで，誤差２～３ミリメートル以内の精度である。このシステムは，表面の色と輝度さえも記録する。

　この技術を準備し，カシラはスキャンするべき，危険に瀕した世界遺産をいくつか選んだ。選ばれた史跡には，カンボジアのアンコールワット寺院や，ウガンダのカスビの王墓が含まれていた。後者の史跡のスキャンは，有益なものであったことがすでに立証されている。なぜなら，サイアークがスキャンを完了したわずか１年後に，墓の木でできた構造物が全焼したからである。数日のうちに，ブガンダの王子はその墓を再建することについて話し合うため，サイアークと連絡を取った。

　今，データを記録するのを手伝う世界中のパートナーのネットワークとともに，カシラとサイアークは，５年間で500の世界遺産をデジタルデータで保存しようとしている。データのすべてを組織のウェブサイトで一般公開することが目標である。こうすることによってデータは，史跡を訪れたいけれども，実際に訪れることができない人々のための教材になるのである。データはまた，史跡をできるだけ正確に保存するのにも役立つ。これまでのところ，カシラは自分の意欲的なプロジェクトについて，大きな前進を遂げている。

重要表現

- statue [stǽtʃuː] 名 像
- preserve [prizə́ːrv] 動 ～を保存する
- nonprofit organization 非営利団体
- mission [míʃən] 名 任務
- World Heritage (site) 世界遺産
- accurate [ǽkjərit] 形 精密な，正確な

- surface [sə́ːrfəs] 名 表面
- endangered [indéindʒərd] 形 危険にさらされた，絶滅寸前の
- tomb [tuːm] 名 墓
- latter [lǽtər] 形 後者の
- resource [ríːsɔːrs] 名 資源

49. 名 欠如

(1) **訳** アフガニスタンの仏像が破壊された時，ベン・カシラが動揺した1つの理由は何か。　**解答 2**
1　彼はアフガニスタンへ，それらを見に行く予定だった。
2　それを元通りに再建する方法がなかった。
3　記録がきちんと管理されてこなかった。
4　彼はより早く自分の技術を適用することができなかった。
解説 第1段落第1文に彼が「遺跡が失われたことに深い悲しみを感じた」(was deeply saddened) とあり，続く第2文に，さらに再建のための記録がないことを知ったとある。記録はもともとなかったので，**3** に引っ掛からないよう注意。

(2) **訳** サイアークのレーザースキャニング技術は何をするのか。　**解答 4**
1　2〜3ミリメートルの距離から物体の写真を撮る。
2　光が遠くの構造物にぶつかる回数を記録する。
3　本物と同じサイズの三次元の物体を作成する。
4　点のデータを使用し，物体の正確な画像を作成する。
解説 第2段落にスキャニング技術の説明がある。第5文にレーザースキャンで取った点で絵を描くこと，第6文にそれが三次元の正確な画像であることが述べられている。

(3) **訳** カスビ王墓のスキャンが有益であったことは，どう立証されたか。　**解答 1**
1　今や焼け落ちてしまった構造物を再現することを可能にした。
2　人々が世界中で類似した木の構造物を造ることを可能にした。
3　サイアークが最終的にブガンダの王子と連絡を取るのに役立った。
4　その史跡を，危機に瀕した世界遺産のリストから外すのに役立った。
解説 第3段落第4文に，データを取った後すぐに王墓が燃えたこと，次の文で王子とサイアークが再建について話し合うため連絡を取ったことが書かれている。スキャンが失われた史跡の再建を目的としていることを念頭に置いて考えよう。

(4) **訳** カシラがしたい1つのことは，　**解答 3**
1　どの史跡が訪れる価値があるかを人々に知らせる。
2　彼がどのようにデータを記録するかを説明するために，世界中を旅する。
3　重要な史跡のデジタル記録を一般に利用できるようにする。
4　5年で500の世界遺産のウェブサイトを訪れる。
解説 第4段落第1文に Kacyra and CyArk are trying … と，カシラが今しようしていることが，次の第2文に The goal is to … とその目的が記されている。この2つの文の内容から正解が分かる。

50. hardship

個人的な宇宙の時代

　1957年，ソビエト連邦は地球の大気を調査するために，世界初の人工衛星を打ち上げた。それ以来，さまざまな政府や企業が，軍事的な監視から天気予報までにわたる目的で，2,000以上の衛星を宇宙に送り込んだ。通常，大きな衛星は造って打ち上げるのに何百万ドルもかかる。これは，使用される技術と部品のいくつかがそれぞれのプロジェクトのために特別に開発されるからである。その結果，個人の衛星を宇宙に送り出すという考えは，ほとんどの人々の心の中には浮かばなかった。これまでは。

　スタンフォード大学のアンドリュー・カールマンが経営するパンプキン社は，「キューブサット」という名の個人用衛星を作るためのキットの販売を専門としているという点で，類を見ない会社である。パンプキンは，キットの部品のいくつかを自社で作っている。しかし，ほかの部品については，パンプキンは新技術を開発せずに市販の部材を使用している。例えば，キューブサット・キットには，デジタルカメラや携帯電話でも使用されているメモリースティックが入っている。パンプキンの顧客は自分自身でキューブサットを組み立て，自分の事業用に使いやすいようにする。こうした理由から，パンプキンはわずか7,500ドルでキューブサットを販売することができるのだ。

　現在，パンプキン社は2003年以来キューブサット・キットを280個販売し，その売上高で世界をリードしている。衛星のアルミニウム・フレームはそれぞれの辺が10センチメートルである。そして電子機器，ソフトウェア，メモリーを含め，キューブサットは1キログラムの重さしかない。宇宙空間で，気温が変化して重力がなくなっても正しく機能するよう，キューブサットは造られている。最大の問題は，それを打ち上げることだ。パンプキンはNASAもしくは外国の打ち上げ業者を通して，ロケット内の空間を賃借しなければならない。そのためには詳細にわたる交渉と多額のお金が必要になる。

　パンプキン社の顧客の多くは，新しい視点から研究を実施しようとしている大学である。近年では，米国政府が特注のキューブサット12個の大口注文を同社に持ちかけた。この注文は収入と宣伝効果を同社にもたらしたが，パンプキンは将来，主に非政府系の顧客に集中し続けるだろうとカールマンは予測している。そのキューブサットの成功のうわさが広まり，人々は彼の会社が提供する指導と製品を求めるようになると，彼は確信している。

重要表現

- launch [lɔ́ːntʃ] 動 ～を発射する，打ち上げる
- artificial [ɑ̀ːrtəfíʃəl] 形 人工的な
- satellite [sǽtəlàit] 名 衛星
- study [stʌ́di] 動 ～を研究する，精査する
- military [mílətèri] 形 軍事上の
- prediction [pridíkʃən] 名 予測
- commercially [kəmə́ːrʃəli] 副 商業的に
- measure [méʒər] 動 ～の長さがある
- negotiation [nigòuʃiéiʃən] 名 交渉
- majority [mədʒɔ́ːrəti] 名 大多数
- income [ínkʌm] 名 収入
- publicity [pʌblísəti] 名 宣伝，評判

50. 名 困難

(5) 訳 大きな衛星を造り，打ち上げるために，通常大きな費用がかかる1つの理由は何か。　解答 **1**
1 いくつかの部品が，それぞれの衛星のために特別に作られる。
2 軍事用衛星は，その目的のために頑丈でなければならない。
3 それぞれのプロジェクトは，多くの国の専門家を必要とする。
4 その技術はそれが機能するようになるまでに，多くの失敗を重ねる。

解説 第1段落第3文に「大型衛星の製造と打ち上げに何百万ドルもかかる」とある。続く第4文でThis is because ... と前文を受け，理由を説明している。

(6) 訳 パンプキン社が販売するキットは，　解答 **4**
1 スタンフォード大学で製造されるデジタルカメラを含んでいる。
2 多くのほかの米国企業から買うこともできる。
3 アンドリュー・カールマンによって開発されたメモリースティックを使用している。
4 すでに市場で入手できる部材を含んでいる。

解説 第2段落はパンプキン社の衛星の説明で，第3文の内容が**4**の内容と一致する。〔本文〕commercially available → 〔選択肢〕available on the market の言い換えに注意。

(7) 訳 キューブサットの打ち上げに関する大きな問題は，　解答 **3**
1 それを間違いなく正しくロケットに取り付けること。
2 それが宇宙の気温を耐え抜くことができることを保証すること。
3 打ち上げ業者との取り決めを交渉すること。
4 重さをわずか1キログラムまで下げること。

解説 第3段落第4文に The biggest problem is launching it. とあり，続く第5文で，ロケット内に衛星用のスペースを借りることに関して，NASAや打ち上げ業者との交渉が必要であることが書かれている。

(8) 訳 アンドリュー・カールマンがパンプキン社の将来について言っている1つのことは何か。　解答 **2**
1 最良の宣伝効果を得る方法について，大学から指導してもらうことを彼は望んでいる。
2 政府からの注文は，会社の主要な収入源にはならないだろう。
3 パンプキン社によって提供される製品は，毎年変わり続けるだろう。
4 会社は，政府からの援助なしでは存続することができないだろう。

解説 第4段落第3文の but 以降の節から正解が分かる。本文では「非政府系（民間）の顧客が中心になる」と述べられ，正解の選択肢では「政府の注文は中心にならない」と逆視点からの表現になっている。

51. capacity

A New Voice

While Brenda Jensen was receiving treatment in hospital in 1998, her larynx became damaged. The larynx, which is also known as the voice box, is an organ in the throat that helps us to breathe and produce sounds. From then on, she had to use a handheld electronic device to speak, which made her voice sound like a robot. Jensen was thankful for the ability to speak, but she had to deal with people making fun of her robotic voice.

This changed in October 2010 when she had the world's second larynx transplant. Although doctors have been performing organ transplants for decades, larynx transplants are new. The larynx is a very complicated organ, which makes transplants difficult. This is because the larynx is connected to the body by tiny blood vessels and nerves. If they are not joined properly during a transplant, the patient can have trouble breathing, swallowing, and speaking.

Jensen's transplant surgery lasted 18 hours—10 of which were spent carefully connecting the blood vessels and nerves under a microscope. It was only possible because of recent advancements in microscope technology. Thanks to those advances, within the 13 days following her surgery, Jensen was able to speak on her own for the first time in 12 years. In comparison, it took Tim Heidler, the man who received the world's first larynx transplant in 1998, three years to regain this ability. In his case, the same microscope technology was not yet available.

Jensen's case was unusual for another reason. When a person receives a transplant, it is necessary for them to take medicines that stop the body from rejecting the new organ. Unfortunately, many of the people who need larynx transplants also have cancer, and this type of medicine can make them too weak to fight the cancer. Luckily, Jensen was cancer-free and had no problems taking the medicines. And so, she has played an important role in expanding the knowledge about transplanting organs.

(1) In 1998, Brenda Jensen
1 invented a robot that had the ability to speak.
2 had an electronic device put in her throat to help her breathe.
3 received an operation so people would not laugh at her voice.
4 lost the use of her voice after her larynx was damaged.

(2) Why are larynx transplants so difficult?
1 Very small blood vessels and nerves must be connected properly.
2 The patient will stop breathing during the surgery.
3 They have become more and more complicated over the decades.
4 They are a new procedure with Jensen being the first patient.

(3) What do we learn about advanced microscope technology?
1 It worked perfectly for the first time in 12 years during Jensen's surgery.
2 It has resulted in patients speaking much sooner after surgery than before.
3 Transplant patients have no hope of regaining their ability to speak without it.
4 Transplant operations can take as long as 13 days to complete because of it.

(4) What is one problem with larynx transplants?
1 Many people refuse treatment to fight their cancer before having the surgery.
2 Many people need to have other organs replaced at the same time.
3 Many people cannot take the necessary medicines afterward because they also have cancer.
4 Many people feel that a new larynx will not allow them to speak properly.

(5) Which of the following statements is true?
1 Microscope technology has made it possible to create devices that produce normal voices.
2 Jensen now gives doctors advice on how to transplant organ.
3 It took Tim Heidler three years to be able to speak again after his transplant surgery.
4 Larynx transplants are quickly becoming routine operations for doctors around the world.

Man's New Best Friend

Wild animals normally stay away from humans, but it is sometimes possible to train them to be friendly to people. Even fierce animals, such as lions and tigers, can be taught to take food from the hands of their trainers. By contrast, domesticated animals like dogs, sheep, and goats display such friendly behaviors without being trained. Scientists know that domesticated animals evolved from wild ones over many generations, but they are not sure exactly how this happened.

In an attempt to find out more, a Russian genetic scientist named Dmitry Belyaev began an experiment at a research institute in Novosibirsk, Russia in 1959. Since domestication had never been successful when people caught animals, trained them, and then bred them over and over, Belyaev tried a different method. He started with a population of 130 foxes that reacted well to human contact and began breeding them. In each generation, he selected the foxes that were most friendly toward humans. Within 10 years, he was producing fox cubs* that acted similarly to dogs. They showed no aggression to humans and enjoyed being held and stroked.

During the study, several changes in the foxes surprised Belyaev. It took only four generations for the foxes to allow humans to carry them and only six generations for them to follow and lick humans when taken out of their cages. By the ninth generation, however, there were physical as well as behavioral changes. The earliest of these were spotted fur and ears that hung down instead of standing straight up. With the thirteenth generation, the foxes curled their tails upon seeing humans. These changes made the foxes appear more childish and pleasing to humans.

In domesticating the foxes, Belyaev had achieved in a few decades what could only be achieved naturally over thousands of years. Now, after Belyaev's death, the researchers at the institute in Russia are trying to identify the genes that changed in the foxes during domestication. With this information, they can learn which genes make domesticated animals friendly. In the future, they hope this knowledge can be applied to learn more about the reasons for human behaviors in society.

*cub：動物の子，幼獣

(6) Scientists are not sure
 1 how to train wild animals to take food from humans.
 2 why animals like lions and tigers are so fierce.
 3 how domesticated animals evolved from wild ones.
 4 why domesticated animals need to be trained.

(7) What did Dmitry Belyaev do in his experiment?
 1 He caught foxes and trained them before breeding them.
 2 He bred only the foxes that responded favorably to humans.
 3 He taught foxes to be more friendly toward dogs.
 4 He bred foxes over and over until he had 130 in his population.

(8) What did Belyaev notice about the foxes in the ninth generation?
 1 The behavioral changes started disappearing until they were totally gone.
 2 They licked humans immediately upon being taken out of their cages.
 3 Their tails began to hang down when they saw humans.
 4 Their physical appearance started becoming more pleasing to humans.

(9) During his experiment, Belyaev was able to
 1 make domesticated animals behave in a more friendly way.
 2 create domesticated foxes in a relatively short time.
 3 explain why human behavior has changed so little.
 4 help foxes survive better in the wild.

(10) Which of the following statements is true?
 1 Researchers at the institute want to find out which genes changed in the domesticated foxes.
 2 Researchers at the institute are now trying to domesticate other wild animals.
 3 Belyaev was able to use his research to learn more about the way humans behave.
 4 Belyaev noticed that the later generations of foxes seemed to be harder to train.

53. intention

新しい声

　ブレンダ・イェンセンは1998年に病院で治療を受けた際に，喉頭に損傷を受けた。「発声器」としても知られている喉頭はのどにある器官で，われわれが呼吸をし，音声を発するのを助ける。その時以来，彼女は話すために携帯用の電子装置を使用しなければならなかった。そしてその機械のせいで，彼女の声はロボットのようになってしまった。イェンセンは話すことができることには感謝していたが，彼女のロボットのような声をからかう人々を相手にしなければならなかった。

　この状態は，彼女が世界で2例目の喉頭移植を受けた2010年10月に変化した。医師たちは何十年にもわたり臓器移植を行ってきたが，喉頭移植は不慣れなことなのである。喉頭はとても複雑な器官であり，そのせいで移植をするのが難しい。これは喉頭がごく細い血管と神経によって体につながっているからである。移植中にこれらが正しくつながれなければ，患者は呼吸をすること，飲み込むこと，そして話すことが困難になりかねない。

　イェンセンの移植手術は18時間続いたが，そのうち10時間は，顕微鏡のもとで慎重に血管と神経をつなぐことに費やされた。これは最近の顕微鏡の技術の進歩により，ようやく可能になったのだ。こうした進歩のおかげで，イェンセンは手術後13日以内に，12年ぶりに自分の声で話すことができるようになった。それと比較して，1998年に世界で初めて喉頭移植を受けた男性，ティム・ハイドラーは，この能力を取り戻すのに3年かかった。彼の場合は，同じ顕微鏡の技術はまだ使えるようになっていなかったのである。

　イェンセンの症例は，もう1つの理由で通常とは異なっていた。移植を受ける時は，新しい臓器に対して体が拒絶反応を起こさないようにする薬を服用する必要がある。残念ながら，喉頭移植が必要な人々の多くはがんにもかかっており，この種類の薬はがんに対する抵抗力を弱め過ぎてしまうことがある。幸いなことに，イェンセンはがんにかかっておらず，薬を服用することについては問題がなかった。そして，彼女は臓器移植についての知識を広めることにおいて，重要な役割を果たしたのである。

重要表現

- treatment [trí:tmənt] 名 治療
- larynx [lǽriŋks] 名 喉頭
- organ [ɔ́:rgən] 名 臓器，器官
- device [diváis] 名 装置
- transplant [trænsplǽnt] 名 移植
- blood vessel 血管
- nerve [nə:rv] 名 神経
- surgery [sə́:rdʒəri] 名 手術
- microscope [máikrəskòup] 名 顕微鏡
- in comparison それに比べて，それに引き換え
- regain [rigéin] 動 ～を取り戻す，回復する
- reject [ridʒékt] 動 ～を拒絶する

53. 名 意図

(1) **訳** 1998年,ブレンダ・イェンセンは
1 話す能力のあるロボットを発明した。
2 彼女ののどに,呼吸するのを補助する電子装置を入れてもらった。
3 人々が彼女の声を笑わないように,手術を受けた。
4 彼女の喉頭が損傷を受けた後,声が出せなくなった。

解答 4

解説 1998を本文中に探すと,第1段落第1文に見つかる。ここから,1998年に彼女の喉頭が傷ついたことが分かる。さらに読み進めると,同段落第3文で,その時以来,話をするには電子装置を使わなければならなくなったことが分かる。

(2) **訳** なぜ喉頭移植は,それほど難しいのか。
1 とても細い血管と神経が正しくつなげられなければならない。
2 手術中に,患者の呼吸が止まるだろう。
3 それらは数十年間でますます複雑になった。
4 それらは,イェンセンが初の患者である,新しい手術だ。

解答 1

解説 第2段落は,喉頭移植が難しかったことと,その理由について説明している。第4文にとても細い血管と神経が喉頭を体につないでいること,第5文で手術中にそれらが正しくつながれなければ,さまざまな不都合が生じることが書かれている。

(3) **訳** 進歩した顕微鏡技術について,分かることは何か。
1 それはイェンセンの手術中に,12年ぶりに完璧に機能した。
2 それにより,患者は手術後,以前よりもはるかに短い期間で話せるようになった。
3 それなしでは,移植患者が話す能力を回復する見込みは全くない。
4 それのせいで,移植手術を完了するのに13日もの長い期間を要することがある。

解答 2

解説 第3段落第3文で,先進の顕微鏡技術で手術を受けたイェンセンが声を回復するのにかかった期間は13日だったことが書かれている。また,続く第4,5文で,この技術がまだなかった時に手術を受けたハイドラーは,3年かかったことが書かれている。

(4) **訳** 喉頭移植に関する1つの問題は何か。
1 多くの人々は,手術を受ける前に,がんと闘うための治療を拒否する。
2 多くの人々は,ほかの臓器も同時に交換する必要がある。
3 多くの人々はがんも患っているので,手術後必要な薬を服用できない。
4 多くの人々が,新しい喉頭では正しく話せないと感じる。

解答 3

54. application

| 解説 | 第4段落第2文では,臓器移植を受ける患者は拒絶反応を抑える薬を飲まなければならないことが書かれている。また,第3文では,喉頭移植が必要な患者の多くはがんにかかっており,この薬のせいで,がんに対する抵抗力が弱まることが記されている。

(5) | 訳 | 以下の記述のうち,正しいものはどれか。

| 解答 | **3** |

1 顕微鏡の技術のおかげで,正常な声を出す装置を作ることが可能になった。
2 イェンセンは現在,臓器を移植する方法について医師にアドバイスを与えている。
3 ティム・ハイドラーは移植手術の後,再び話せるようになるまで3年かかった。
4 喉頭移植は世界中の医師にとって,日常的な手術に急速になりつつある。

| 解説 | 第3段落第4文の内容が **3** と一致する。同文中の this ability が「声を発する能力」を指していることは,比較されている前文から判断しよう。

54. 名 願書,申込書

人類の新しい親友

　野生動物は通常人間から距離を置くが，人間に対して友好的になるよう訓練することは時には可能である。例えばライオンやトラのような猛獣でも，その調教師の手から餌をもらうことを教えることができる。対照的にイヌやヒツジ，ヤギのような家畜化された動物は，訓練されなくてもそのような人なつこい性質を示す。科学者は，家畜化された動物が野生の動物から何世代もかけて進化したことは分かっているが，これがどのように起こったかについては，正確には分かっていない。

　さらなる解明のために，ドミトリー・ベリャーエフという名のロシアの遺伝学者が1959年にロシアのノボシビルスクにある研究所で実験を始めた。人間が動物を捕らえて訓練し，そして何度も交配を重ねても，これまでに家畜化がうまくいったことがなかったので，ベリャーエフは別の方法を試した。彼は，人間の接触にうまく反応した130匹のキツネの集団から始め，それらの交配を開始した。それぞれの世代において，彼は人間に最もなついたキツネを選び出した。10年以内に，彼はイヌと同じように行動するキツネの子どもたちをつくり出していた。キツネの子どもたちは人間に対し攻撃性を表さず，抱かれたりなでられたりすること楽しんだ。

　研究の間，キツネに起こったいくつかの変化に，ベリャーエフは驚いた。キツネが人間に抱えられて運ばれるのを許すには4世代しかかからず，おりから出された時に人間の後を追って，人間をなめるようになるまで6世代しかかからなかった。しかし，9世代目までに，行動の変化だけでなく身体的な変化が現れた。これらの変化の中で最も早く出現したのは，まだらの毛皮と，ぴんと立つ代わりに垂れ下がった耳であった。13世代目になると，キツネは人間を見ると，即座にしっぽを丸めた。これらの変化は，キツネをより子どもっぽく，そして人間に対して愛嬌があるように見せた。

　キツネの家畜化において，自然界では数千年以上かけなければ成し遂げられないであろうことを，ベリャーエフは2，30年で成し遂げた。ベリャーエフの死後，ロシアの研究所の研究者は現在，家畜化の過程で変化のあったキツネの遺伝子を特定しようとしている。この情報があれば，彼らはどの遺伝子が家畜化された動物を人なつこくさせているかを知ることができる。将来，社会における人間の行動の理由についてより多くを知るために，この知識が応用できるようになることを，彼らは望んでいる。

大問3　長文の内容一致選択

重要表現

- by contrast　対照的に
- domesticate [dəméstəkèit]　動 家畜化する，飼い慣らす
- evolve [iválv]　動 進化する
- generation [dʒènəréiʃən]　名 世代
- genetic [dʒənétik]　形 遺伝子の
- institute [ínstətjùːt]　名 研究所
- domestication [dəmèstəkéiʃən]　名 家畜化，飼い慣らし
- aggression [əgréʃən]　名 攻撃（性）
- lick [lik]　動 ～をなめる
- cage [keidʒ]　名 おり
- gene [dʒiːn]　名 遺伝子

55. tendency

(6) 訳 科学者が分からないのは
1 人間から食べ物をもらうように，野生の動物を訓練する方法。
2 ライオンやトラのような動物がとても獰猛である理由。
3 家畜化された動物が，野生の動物からどのように進化したか。
4 なぜ家畜化された動物を訓練する必要があるのか。

解答 **3**

解説 第1段落は導入部で動物の家畜化について述べている。同段落最後の文に they(=scientists) are not sure …「科学者の分からないことは…」と述べられている。この文中の how this happened の this は文の前半の内容「家畜化された動物が野生の動物から何世代もかけて進化したこと」を指しており，この内容が **3** と一致する。

---

(7) 訳 ドミトリー・ベリャーエフは自分の実験で何をしたか。
1 彼はキツネを捕らえ，訓練してから交配した。
2 彼は人間に対して好意的に反応したキツネだけを交配した。
3 彼はキツネに，イヌに対してもっと友好的になるよう訓練した。
4 彼は集団が130匹になるまで，何度もキツネを交配した。

解答 **2**

解説 第2段落はベリャーエフの実験の手順を説明している。第4文の内容が **2** の内容と一致する。〔本文〕friendly →〔選択肢〕favorably という言い換えに注意。

---

(8) 訳 ベリャーエフは，9世代目のキツネについて何に気付いたか。
1 行動の変化が消え始め，最終的にすっかりなくなった。
2 キツネたちはおりから出されると，即座に人間をなめた。
3 キツネたちは人間を見ると，しっぽが垂れ始めた。
4 キツネたちの身体的な外見が，人間にとってより愛嬌のあるものになり始めた。

解答 **4**

解説 第3段落第3文に，9世代目までに行動の変化に加えて身体的な変化が現れたとある。その具体的な説明と13世代目の1つの変化の記述を挟み，第6文でこれらの変化が more childish and pleasing to humans であると説明している。

---

(9) 訳 実験の間に，ベリャーエフができたのは
1 家畜化された動物をより愛想良く振る舞うようにさせること。
2 比較的短い期間で飼い慣らされたキツネを作り出すこと。
3 人間の行動がなぜほとんど変わらなかったのかを説明すること。
4 キツネが野生でより上手に生き残るのを手助けすること。

解答 **2**

解説 第4段落第1文から正解は **2**。本文では in a few decades what could

only be achieved naturally over thousands of years という長い表現が，選択肢では in a relatively short time と短く言い換えられていることに注意。

---

(10) 訳 以下の記述のうち，正しいものはどれか。

解答 **1**

1 研究所の研究者は，飼い慣らされたキツネにおいてどの遺伝子が変化したかを突き止めたい。
2 研究所の研究者は，現在ほかの野生動物を家畜化しようとしている。
3 ベリャーエフは，人間のふるまい方についてもっと知るために，自分の研究を使用することができた。
4 キツネの後の方の世代がより訓練しにくいようであることに，ベリャーエフは気付いた。

解説 第4段落第2文から正解は **1** と分かる。**3** については，同段落最後の文に，人間の行動に関しては将来分かるようになることが望まれているとあり，さらに第2文からベリャーエフは故人であると分かるので誤り。

単語クイズ 2　　　　名詞編

英単語クイズに挑戦しよう。

Let's try!

1
- 傾向　　　□□□□□ncy
- 遺産　　　□□□□□age
- 感情　　　□□□tion
- 対戦相手, 敵　□□□□nent
- 反射　　　□□□□ction
- 庭　　　　□□rd

2
- ぜいたく（品）　□□□□ry
- 知人　　　□□□□intance
- 性格　　　□□□□cter
- 知識　　　□□□ledge

3
- 選択権　　□□tion
- 失業　　　□□employ□□□□
- 脅迫, 脅威　□□reat
- 貢献　　　□□□tribu□□□□
- 占有　　　□□□pancy
- 少数（派）　□□□rity
- 表現　　　□□pression

クイズの答えは P.230

ふー。

大問 4

英作文

合格のポイント	142
重　要 ★ (1)	144
(2)	145
(3)	146
(4)	147

大問 4　英作文
合格のポイント

どんな問題？

筆記試験の第 4 問として設置され，冒頭に日本語で問題の指示文があります。それに続いて TOPIC と POINTS が提示されています。指示文では，この TOPIC に対して 80 語〜100 語で自分の意見とその理由を 2 つ述べるように記されています。POINTS は「理由を書く際の参考となる観点」で，「これら以外の観点から理由を書いてもかまいません」と注意書きがあります。

解答の目安は 20 分です（筆記試験は 85 分）。

英作文問題では，以下の 4 つの観点で採点されます。

・内容：課題で求められている内容が含まれているか。
・構成：英文の構成や流れが分かりやすく論理的であるか。
・語彙：課題にふさわしい語彙を正しく使えているか。
・文法：文構造にバリエーションがあり，それらを正しく使えているか。

- 以下の **TOPIC** について，あなたの意見とその<u>理由</u>を**2つ**書きなさい。
- **POINTS** は理由を書く際の参考となる観点を示したものです。ただし，これら以外の観点から理由を書いてもかまいません。
- 語数の目安は 80 語〜100 語です。

TOPIC
Today, some companies allow their employees to wear casual clothes like jeans or T-shirts. Do you think the number of such companies will increase in the future?

POINTS
- *Business culture*　　● *Comfort*　　● *Fashion*

解答例：I think that more companies will allow employees to wear clothes like jeans or T-shirts. By doing so, they can make their workers happy. These clothes are more comfortable than dress clothes, so workers will be more relaxed and able to enjoy their work. Second, many companies want to help the environment. If employees are allowed to wear casual clothes, they will be cooler. Because of this, companies won't have to use air conditioners as much, which will reduce the amount of energy used. So, more companies will allow employees to wear casual clothes to work.　（96 語）

(2016 年度第 1 回検定より)

高得点への道

　文章全体を「序論」「本論」「結論」の3つに分けると，英作文問題で求められる「分かりやすく論理的な構成」で書き進めることができます。

1 序論：最初に「意見」を表明する。
　冒頭で与えられたTOPICについて自分の意見を明確に示すことが大切です。まず「賛成」か「反対」を述べて，後の本論への導入とします。
　Do you think ～?の形の質問に対しては，これに応える形が最も簡便です。I thinkに続ける際には，TOPICの文をそのまま写すことはせずに，パラフレーズ（書き換え）を行うことがよいでしょう。主語を変える，修飾語を変えるなど，いろいろな工夫を加えて一文を作成することを心掛けましょう。

2 本論：自分の「意見」をサポートする「理由」を2つ書く。
　序論の意見についての理由は必ず2つ列挙しなければなりません。この理由はあくまでも自分自身の主張ですので，どのような内容であってもかまいません。しかし，「賛成」「反対」を決定した後でその理由を述べる，文章全体の中で最も大事な部分です。明快な理由を探し出すことが重要です。

3 結論：「まとめ」の文で締めくくる。
　自分の主張を繰り返して述べ，自分の主張をまとめます。TOPICや序論・本論で用いた表現をパラフレーズすることが高得点につながります。

学習のアドバイス

1 2つの「理由」をメモにする。
　賛成・反対を決めた後は，その理由をメモにすると英文がまとまります。メモは日本語でも英語でもかまわないので，実際の試験を想定して何回も練習してみましょう。POINTSで示された語句は，理由を考える際の助けになります。これらの語句が「賛成」「反対」どちらの意見をサポートするのかについてとらわれる必要はなく，自由に使ってかまいません。また，POINTS以外の理由を答えてもかまいません。

2 パラフレーズ（書き換え）に留意する。
　採点の観点の「語彙」「文法」に当たる部分で，1つの表現を繰り返して使うことを避けて，バリエーションのある英文を作ることが重要です。練習問題でもこのパラフレーズに言及していますので，これらを参考にしていろいろな表現を身につけるようにしましょう。

大問 4　英作文

(解答・解説 P.148〜149)
解答時間 20分

(1)

- 以下の TOPIC について，あなたの意見とその理由を2つ書きなさい。
- POINTS は理由を書く際の参考となる観点を示したものです。ただし，これら以外の観点から理由を書いてもかまいません。
- 語数の目安は 80 語〜100 語です。

TOPIC
In recent years, many people make good use of E-books. Do you think E-books are better than paper books?

POINTS
- *Convenience*
- *Environment*
- *Space*

＜留意点＞
■「序論」で立場を明確にしているか。
■「本論」で2つの理由が明快に述べられているか。
■「結論」は TOPIC・序論を書き換えているか。

まだまだ名詞だよー。

(2)

- 以下の TOPIC について，あなたの意見とその理由を2つ書きなさい。
- POINTS は理由を書く際の参考となる観点を示したものです。ただし，これら以外の観点から理由を書いてもかまいません。
- 語数の目安は 80 語～100 語です。

TOPIC
The Olympic Games are held in different cities around the world. Do you think large international sports events are good for cities?

POINTS
- *Tourism*
- *Economy*
- *Security*

＜留意点＞
- ■「序論」で立場を明確にしているか。
- ■「本論」で2つの理由が明快に述べられているか。
- ■「結論」は TOPIC・序論を書き換えているか。

56. acquaintance

(3)

- 以下の **TOPIC** について，あなたの意見とその理由を2つ書きなさい。
- **POINTS** は理由を書く際の参考となる観点を示したものです。ただし，これら以外の観点から理由を書いてもかまいません。
- 語数の目安は80語〜100語です。

TOPIC
In the past few years, many people have begun taking online courses at universities. Do you think more people will do so in the future?

POINTS
- *Remote Education*
- *Quality*
- *Communication*

＜留意点＞
- ■「序論」で立場を明確にしているか。
- ■「本論」で2つの理由が明快に述べられているか。
- ■「結論」は TOPIC・序論を書き換えているか。

(4)

- 以下の **TOPIC** について，あなたの意見とその理由を2つ書きなさい。
- **POINTS** は理由を書く際の参考となる観点を示したものです。ただし，これら以外の観点から理由を書いてもかまいません。
- 語数の目安は80語〜100語です。

TOPIC
Nowadays, many Japanese students enjoy eating fast food, like hamburgers and pizza. Do you think fast food is good for students?

POINTS
- *Cost*
- *Health*
- *Convenience*

＜留意点＞
■「序論」で立場を明確にしているか。
■「本論」で2つの理由が明快に述べられているか。
■「結論」は TOPIC・序論を書き換えているか。

57. outcome

(1)

解答例 I think E-books are nice, but I prefer paper books. To begin with, when we use electronic devices like tablet computers or E-book readers, we cannot stay focused on reading. This is because sometimes our friends send us a text message, or we feel like using the devices' other functions at the same time. Another reason is that E-book readers are not very environmentally friendly either. To make them, we must destroy the environment to find the metals we need for the electronic chips in the devices. In conclusion, I believe that we should use paper books instead of E-books. (100語)

TOPIC
ここ最近，多くの人が電子書籍をよく利用しています。電子書籍は紙の書籍よりも良いと思いますか。

POINTS
●便利さ　●環境　●保管場所

訳 電子書籍は良いと思いますが，私は紙の書籍の方が好きです。まず始めに，タブレットコンピューターや電子ブックリーダーなどの電子機器を使っていると，読むことに集中し続けることができません。それは時々友人からメールが来たり，電子機器のほかの機能も同時に使いたくなってしまうからです。別の理由としては，電子ブックリーダーもそれほど環境に優しいわけではないということがあります。電子ブックリーダーを作るためには，機器に含まれている電子チップに必要な金属を見つけるために環境を壊さなければなりません。結論として，私は電子書籍の代わりに紙の書籍を使うべきだと信じています。

重要表現

- make use of　〜を利用する
- to begin with　まず始めに
- electronic device　電子機器
- stay focused on　〜に集中し続ける
- feel like *doing*　〜したい気がする
- environmentally friendly　環境に優しい
- destroy [distrɔ́i] 動 〜を破壊する
- metal [métl] 名 金属
- electronic chip　電子チップ
- in conclusion　結論として

57. 名 成果

この問題では「電子書籍の是非」についての意見を求めている。解答例では，序論で「反対」の立場を表明し，「読書への集中」「環境」の2つの観点からその理由を挙げている。

序論

解説 I think E-books are nice と「電子書籍の良さ」を認めながらも，but I prefer paper books「でも紙の書籍の方を好む」と述べている。TOPIC では「電子書籍は紙の書籍よりも良いかどうか」と問われているが，個人的な嗜好を示すことで紙の書籍の優位性を述べている。本論で述べる理由が日常的な場面に及ぶ場合，このように「良し悪し」を「好き嫌い」に置き換え，個人に引きつけて書くことも1つの手法になる。

本論

解説 1つ目の理由として（To begin with 以下），日常的な読書の場面で，タブレットコンピューターで読書をする場合，we cannot stay focused on reading「読書に集中し続けられない」と述べ，その理由として，sometimes our friends send us a text message, or we feel like using the devices' other functions「友人からメールが来たりほかの機能を使いたくなったりする」ことを挙げている。ここに出ている text message は，いわゆるメールなどの文字通信を指し，text は「メールを送る」という意味の動詞としても使われる。

2つ目の理由として（Another reason 以下），「環境」の観点から，実のところ，E-book readers are not very environmentally friendly「電子ブックリーダーはそれほど環境に優しくない」ことを指摘し，we must destroy the environment to find the metals we need for the electronic chips in the devices「電子チップに必要な金属を見つけるために環境を破壊しなければならない」と述べている。

そのほかの理由として，I feel it is harder to remember what I read in E-books than in paper books.「電子書籍で読んだものは紙の書籍のものよりも記憶に残りにくい」などを挙げることができるだろう。

結論

解説 結論を導く語句として In conclusion を用いている。この後，序論での主張の繰り返しとして，I believe that we should use paper books instead of E-books「電子書籍ではなく紙の書籍を使うべきだと信じている」と述べている。これは TOPIC に対する意見の提示で，序論の I prefer paper books のパラフレーズとなっている。

「賛成」ならば

解説「保管場所」の観点から，We can save space in our house because electronic devices can contain a lot of books.「電子機器はたくさんの書籍を取り込めるので場所の節約になる」などと論じられるだろう。

(2)

解答例 I think it is necessary for cities to try to hold global athletic meetings, because they surely bring many benefits. Firstly, many tourists who come to watch the games can discover wonderful places to visit. Tourists can learn a lot about the local culture and enjoy meeting local people, who can also feel more proud of their cities. In addition, when tourists spend money at local businesses, the local economy becomes stronger. This will lead to further development of the city. Worldwide sporting competitions are beneficial for cities, so they should plan to open the big events. (97 語)

TOPIC
オリンピックは世界中のさまざまな都市で開催されます。大きな国際スポーツイベントは都市にとって良いと思いますか。

POINTS
●観光　●経済　●安全

訳 私は，世界規模のスポーツ大会は必ず多くの利益をもたらすので，都市が開催の努力をすることは必要だと思います。まず，試合を見に来る多くの旅行者は，訪れるべきすてきな場所を発見することができます。旅行者は地域の文化について多くのことを学ぶことができ，地域の人との出会いを楽しむことができます。そして地域の人たちも自分たちの地域をいっそう誇りに思うことができます。さらに，観光客が地域の商店などでお金を使えば，地域の経済はより強くなります。これによってその都市はさらに発展することになります。国際スポーツ大会は都市にとって価値のあるものなので，都市は大きなイベントを開催するように計画を立てるべきです。

重要表現

- global [glóubəl] 形 世界的な
- athletic meeting　競技大会
- bring benefit　利益をもたらす
- firstly [fə́:rstli] 副 まず第一に
- local culture　地方の文化
- feel proud of　〜を誇りに思う
- in addition　さらに
- spend money　お金を使う
- lead to　〜につながる
- development [divéləpmənt] 名 発展
- worldwide [wə́:rldwáid] 形 世界的な
- competition [kàmpətíʃən] 名 競技大会
- beneficial [bènəfíʃəl] 形 有益な

少しだけ形容詞。

	この問題では「国際的なスポーツイベントが都市にとって有益かどうか」についての意見を求めている。解答例では，序論で「賛成」の立場を明確にし，本論では「観光」と「経済」の観点でその理由を挙げている。
序論	**解説** 序論では，まず自分の立場を明確に示すことが大事である。解答例では賛成の立場に立ち，it is necessary for cities to try to hold global athletic meetings「都市が世界規模のスポーツ大会の開催に努力することは必要である」と書いている。その理由として，they surely bring many benefits「必ず多くの利益をもたらす」と続く。この部分は they have many positive benefits や there are many advantages などとも表現できる。
本論	**解説** 世界規模のイベントのもたらす具体的な利点が2つ述べられている。1つ目は（Firstly 以下），「観光」の観点から，都市に来る「観光客」と「地元の人」にとっての利益を挙げている。前者にとっては新しい場所や人との出会いがあることや文化が学べること，後者にとっては観光客と交流することで，can also feel more proud of their cities「自分たちの都市をさらに誇りに思うことができる」ことを指摘している。 2つ目の理由として（In addition 以下），「経済」の観点から，「地元の経済への好影響」を述べており，観光客がもたらす売上が will lead to further development of the city「都市の発展につながる」ことを挙げている。 そのほかの理由として，Public transportation system will be improved.「公共交通網が整備される」や New stadiums will be constructed.「新しいスタジアムが建設される」など，「都市機能の発展」についても挙げることができるだろう。
結論	**解説** 最終文の冒頭は TOPIC をパラフレーズしている。さらにこの主張に続けて序論をパラフレーズし，so they should plan to open the big events「ゆえに都市は大きなイベントの開催を計画すべきだ」と結んでいる。この so は前文の内容を後の文につなげる働きがあり，「（前文は）〜なので，（ゆえに）…である」という意味になる。このように，結論を導く語句を使わずに締めくくりの文を完成させることも可能である。
「反対」ならば	**解説** 「経済」の観点から，Cities have to spend a lot of money getting ready for them.「準備に莫大なお金がかかる」ことを理由として挙げることができるだろう。また，Buildings such as stadiums and houses for athletes could be useless after the event.「スタジアムや選手村などの建造物がイベントの後には無駄になる」などの点も理由として考えられる。

58. ignorant

(3)

解答例 In my opinion, taking courses at universities online is great for many people and online courses will be more and more popular. First, universities with many online courses offer choices for people who do not or cannot go far away to a traditional university. They can study anything they want from anyone they want. These online courses are also very convenient for working people or busy people. Office workers, for example, can choose courses at night when they have free time. These reasons make me think that university students taking online courses will increase in the future.

(97 語)

TOPIC
ここ数年，多くの人が大学のオンラインの授業を取り始めました。将来，もっと多くの人がそのようにすると思いますか。

POINTS
● 遠隔教育　● 質　● コミュニケーション

訳 私の意見は，大学の授業をオンラインで取ることは多くの人にとって素晴らしく，オンライン授業はますます人気が出ると思います。まず，多くのオンライン授業を持つ大学は，伝統的な大学まで遠くて通わない人，通えない人たちに選択肢を与えます。彼らは希望の教員から希望の授業を受けることができるのです。また，このようなオンラインの授業は，働いている人や忙しい人にはとても便利です。例えば，会社員の人は自由時間のある夜の授業を選ぶことが可能です。これらの理由から，将来，オンライン授業を受ける大学生が増えると思います。

重要表現

- online [ánlàin] 形 オンラインの　副 オンラインで
- in my opinion 私の意見では
- take a course 授業を受ける
- offer [ɔ́ːfər] 動 ～を提供する
- choice [tʃɔis] 名 選択肢
- convenient [kənvíːnjənt] 形 便利な
- office worker 会社員
- increase [inkríːs] 動 増える

58. 形 無知の

この問題では「大学の授業をオンラインで受講する人が増えるかどうか」についての意見を求めている。解答例では，序論でその有用性を明確にし，本論で「遠隔教育」「時間」の観点からそれを支える理由を述べている。

序論

解説 書き出しの表現として In my opinion も使えることを覚えておくとよい。これに続けて，taking courses at universities online is great for many people「オンラインでの受講は多くの人にとって素晴らしいものである」と持論を述べ，「ますます人気が出るだろう」と加えている。TOPIC の online は形容詞「オンラインの」であるが，1つ目の online は take にかかる副詞「オンラインで」として使われている。

本論

解説 オンライン授業が良いという理由の1つとして (First 以下)，「遠隔教育」の観点から，「遠くにいる人にも教育の機会を与える」ことを挙げている。traditional university はオンラインと対比して「従来の対面の授業を行う大学」を指す。さらに，オンライン授業であれば They can study anything they want from anyone they want.「取りたい授業や習いたい教員を選ぶことができる」と続けている。

2つ目の理由として，These online courses are also very convenient … . Office workers, for example, can choose courses … when they have free time.「働いている人や忙しい人にとっては時間を選ばずに受講できるのでとても便利である」と述べている。ここでは，also を使って「さらに，2つ目の理由は」の意味を示し，別の理由であることを明確にしている。そのほかの理由として，People can watch the online courses repeatedly.「授業を繰り返し見ることができる」ことや People can study at their own pace.「自分のペースで学習できる」ことなどが挙げられるだろう。

結論

解説 導入部分の These reasons make me think that … の形は覚えておきたい。この後，序論の the courses will be more and more popular を university students taking online courses will increase「オンライン授業を受ける大学生は増えるだろう」とパラフレーズして，TOPIC に対する意見を繰り返し示している。

「反対」ならば

解説 「コミュニケーション」の立場から，Students cannot have good discussions with people because they are unlikely to meet face-to-face.「直接顔を合わせることがないので良い議論ができない」という点や，It is hard to make friends with other students when taking courses online.「オンラインで受講すると交友関係を広げにくい」ことなどが挙げられる。

59. dependent

(4)

解答例 I think students should avoid eating fast food. For one thing, people who eat too much fast food start to have bad health. This is because fast food does not contain enough nutrition to keep their bodies healthy. Another bad point about fast food is that it makes us fat. I saw a movie that showed how fat a man became after eating only fast food for a month. The movie made me realize it was very dangerous to continue eating fast food. For these reasons, we can conclude that students should not eat it very often.

(97 語)

TOPIC
昨今，多くの日本人の学生は，ハンバーガーやピザなどのファーストフードを食べることを楽しんでいます。ファーストフードは学生にとって良いと思いますか。

POINTS
●コスト　●健康　●便利さ

訳 学生はファーストフードを食べるのは避けるべきだと思います。1つには，ファーストフードを食べ過ぎた人は不健康になり始めるということです。これは，ファーストフードが体の健康を保つのに十分な栄養を含んでいないからです。ファーストフードのもう1つの悪い点は，ファーストフードによって私たちが太ってしまうということです。私は1カ月間ファーストフードだけを食べると人はどのくらい太るのかを示した映画を見ました。その映画を見て，私はファーストフードを食べ続けることはとても危険だと実感しました。これらの理由から，学生はあまり頻繁にファーストフードを食べるべきではないという結論となります。

重要表現

- avoid *doing*　〜することを避ける
- for one thing　1つには
- contain [kəntéin]　動 〜を含む
- nutrition [njuːtríʃən]　名 栄養
- realize [ríː(ː)əlàiz]　動 〜を理解する
- we can conclude that ...　結論として…と言える

59. 形 依存した

この問題では「学生がファーストフードを食べることの是非」についての意見を求めている。解答例では，「反対」の立場で「健康」の観点からその理由を2つ述べている。

序論

解説 反対の立場に立ち，students should avoid eating fast food「学生はファーストフードを食べることを避けるべきである」と動詞の avoid を用いて述べている。この文は，TOPIC を受けて I think eating fast food is bad for students.「学生にとってファーストフードを食べるのは悪いことだと思う」と書くこともできる。

本論

解説 For one thing「1つには」は理由を導く接続表現で，another とペアで用いられることが多い。まず，「ファーストフードを食べ過ぎると不健康になる」と指摘する。その理由として This is because fast food does not contain enough nutrition to keep their body healthy.「それはファーストフードには健康を保つのに十分な栄養が含まれていないから」と述べている。

Another bad point「2つ目の悪い点」として，it makes us fat「ファーストフードは肥満につながる」と述べている。この make は〈S + make + O + C〉の形で，ものが主語の場合，「Sのために O が C になる [C をする]」という意味になり，原因を述べる表現となる。さらに具体的な例として「1人の男性がファーストフードを1カ月食べ続ける映画」を挙げ，〈S + make + O + C〉の文を用いて，The movie made me realize ...「映画を見て私は…を実感した」と続けている。

そのほかの理由として，If students depend too much on fast food, they will not have a chance to learn how to cook by themselves.「学生がファーストフードに依存し過ぎてしまうと料理の仕方を覚える機会がなくなる」などを挙げることもできるだろう。

結論

解説 結論を示す語句として，For these reasons, we can conclude that ... を用いている。「これらの理由から，…という結論となる [結論として…と言える]」という意味になる。序論の should avoid eating fast food は should not eat it very often にパラフレーズされている。

「賛成」ならば

解説 「コスト」の観点から，Fast food is helpful for students who do not have much money because it is usually not expensive.「高くないのが普通なのであまりお金を持っていない学生の助けになる」などを挙げることができるだろう。

ふうう〜。

リスニング 第1部

会話の内容一致選択

合格のポイント	158
でる度 Ⓐ 友人・同僚同士の会話	160
でる度 Ⓑ 客と店員，家族，そのほかの会話	173

リスニング 第1部　会話の内容一致選択
合格のポイント

どんな問題？

　AとBの男女2人の会話〔A-B-A-B(-A)〕と，最後にその会話に関する質問が放送されます。その質問に対する答えを，問題冊子に印刷されている4つの選択肢から選ぶ問題です。会話と質問は一度しか放送されません。
　全部で15問あります。解答時間はそれぞれ10秒です。

【放送される会話文】

No. 1

☆: Do you have any plans for the summer vacation, Brad?
★: Not really. I'll probably just spend the summer with my family. What about you, Cathy?
☆: I'm going to Germany to visit a friend. She's studying there for a year.
★: Really? That sounds like fun.

Question: What will Cathy do during the summer vacation?

【問題冊子に印刷された選択肢】

No. 1　1　Go on a trip with Brad.
　　　　2　Study German at college.
　　　　3　Stay at home with her family.
　　　　4　Visit a friend in Germany.

解答：4（2015年度第1回検定より）

正解への道

1 放送が流れる前に，余裕があれば，問題冊子に印刷された選択肢に目を通しておきましょう。問題によっては，放送文の内容や状況などが大まかに推測できるものもあるので，リスニングの助けになることもあります。

2 放送文は質問が最後に流れるので，質問が放送され終わるまでは，会話のどの部分がどのように質問されるのかを予測することは困難です。ただ，放送文が流れている間，メモをとることができるので，誰が，いつ，何をしたのかを混乱しないように，整理しながら聞くようにしましょう。

ぐうぐう。

3 正解を選び終わったら，次の問題の放送文が流れるまでの間，選択肢に目を通しましょう。

🔰 学習のアドバイス

　本書に掲載されている問題や過去問などを利用して，放送文を聞いて 10 秒以内に解答する，という問題形式に慣れるようにしましょう。また，問題を数多く解くことで，出題されやすい会話の流れや会話特有の表現にも慣れることができるでしょう。

　会話をするＡとＢの２人の関係は，友人や会社の同僚同士であることが最も多いです。ほかにも，客と店員，家族，道を尋ねたりする場面などの知らない人同士の場合もあります。また，電話音で始まる，携帯電話や固定電話での会話が毎回２問程度出題されます。

編集部おすすめの学習法！

Q：リスニング問題が苦手なのですが，どうやって学習すればいいのですか。

👑1位　過去問を使って学習する

・まず試験同様に放送文を聞いて，問題を解いてみましょう。次に本に掲載されている放送文を見ながら，もう一度放送文を聞いてみましょう。

2位　リスニング教材などを使用する

・市販されているリスニング教材などを使って，英語の音声をたくさん聞いて慣れるようにしましょう。また，インターネットを使用できる環境であれば，英語を学習できる素材は web 上にもたくさんあるはずですので，それを利用するのもよいでしょう。

3位　ディクテーションをする

・ディクテーションとは耳から聞いた音声を，紙などに書き取ってみる学習法です。英語の発音に慣れて，理解力を向上させることができるはずです。

リスニング 第1部　会話の内容一致選択
友人・同僚同士の会話

解答時間 10 秒
(解答・解説 P.163〜172)

対話を聞き，その質問に対して最も適切なものを一つ選びなさい。

No. 1
1　He promised to go shopping.
2　He is going out with Dave.
3　He does not like soccer.
4　He has to go to a party.

No. 2
1　He stayed up to study.
2　He was watching TV.
3　He drank too much coffee.
4　He took a difficult math test.

No. 3
1　Wait until he gets to the theater.
2　Order an extra pizza.
3　Join him at the baseball practice.
4　Watch the play without him.

No. 4
1　He tells too many stories in class.
2　He should teach more Russian.
3　He relies too much on the textbook.
4　He is a very interesting person.

No. 5
1　She wants to drink something.
2　She has orchestra practice.
3　She is waiting for her father.
4　She is meeting a friend.

あと少し形容詞。

No. 6
1. He is meeting his parents.
2. He does not have enough money.
3. He has a college interview.
4. He is working at a bookstore.

No. 7
1. Visit her grandparents.
2. Take Mike for a ride.
3. Do her homework.
4. Check the newspaper.

No. 8
1. His family sent it to him.
2. It does not taste very good.
3. It did not cost very much.
4. His friend always drinks it.

No. 9
1. Go to a history class.
2. Prepare his presentation.
3. Study in the basement.
4. Buy a sandwich.

No. 10
1. The rent is very expensive.
2. It is not quiet.
3. It is very convenient.
4. His roommate is leaving.

60. precious

No. 11
1 Meet a friend from Mexico City.
2 Have a meeting with David Smith.
3 Leave on a business trip.
4 Go to lunch with Jess.

No. 12
1 A party for a co-worker.
2 Their favorite restaurant.
3 Where to eat tonight.
4 Peter's birthday party.

No. 13
1 She was late for a meeting.
2 She has got into trouble.
3 She has left the company.
4 She is being sent to another office.

No. 14
1 To invite Jim to dinner.
2 To cancel an appointment.
3 To visit the office.
4 To say sorry for being late.

No. 15
1 Someone will come from Paris.
2 He has applied for it.
3 It was given to a German employee.
4 Applicants must know French.

60. 形 貴重な

No. 1 ◎ 3　　　　　　　　　　　　　　　　　　　　解答 4

放送文

☆: Bill, are you going to the soccer game on Saturday?
★: I'd like to, Sue, but I can't. It's my cousin's birthday, and he's having a party in the afternoon. I promised that I would go. Why?
☆: I really want to go but not by myself.
★: Dave said he wanted to see the game. I'm sure that he would be happy to go with you.
Question: Why can't Bill go to the game?

訳

☆: ビル，土曜日のサッカーの試合には行くの？
★: 行きたいんだけど，スー，でも行けないんだ。その日はいとこの誕生日で，午後からパーティーがあるんだ。行くって約束したんだよ。どうして？
☆: すごく行きたいんだけど，1人じゃ嫌なの。
★: デイブが試合を見たいって言っていたよ。彼ならきっと喜んで君と行くと思うよ。
質問: なぜビルは試合に行けないのか。
　1　彼は買い物に行く約束をした。
　2　彼はデイブと出掛ける。
　3　彼はサッカーが好きではない。
　4　彼はパーティーに行かなければならない。

解説　男性の最初の発言から正解が分かる。「その日はいとこの誕生日」→「午後にパーティーがある」→「行くと約束した」と，3つのことが順番に説明されているが，正解では「パーティーに行かなければならない」と短くまとめられている。

No. 2 ◎ 4　　　　　　　　　　　　　　　　　　　　解答 2

放送文

★: Hi, Kim. I feel really tired this morning. I hope I can pass the math test.
☆: Why are you so tired, Joe? Did you stay up late studying?
★: No. I was watching a movie on TV, and I didn't notice how late it was.
☆: If I were you, I'd go and get a cup of coffee before the test starts.
Question: Why did Joe go to bed late?

訳

★: やあ，キム。今朝はほんとに疲れを感じるんだ。数学のテストに合格できればいいんだけど。
☆: 何でそんなに疲れているの，ジョー？　勉強で夜更かししたの？
★: いや，テレビで映画を見ていたんだ。それで，どれだけ夜遅くなっているかに気付かなくて。

61. unique

☆：私だったら，テストが始まる前にコーヒーを1杯飲みに行くわ。
質問：なぜジョーは寝るのが遅かったのか。
    1 彼は勉強するために夜更かししていた。
    2 彼はテレビを見ていた。
    3 彼はコーヒーを飲み過ぎた。
    4 彼は難しい数学のテストを受けた。

解説　男性の2番目の発言から正解が分かる。女性がWhy ...? と理由を尋ね，続いてDid you stay up late studying? と尋ねたのが聞こえたら，それに対して男性が何と答えるかを集中して聞き取る。

No. 3　⊚　5　　　　解答　4

放送文

☆：Hello, Jane Smith speaking.
★：Oh, Jane. This is Peter. My baseball practice finished late, so I'm still at school. I'll be there in about 20 minutes.
☆：But the play is about to start, and the theater won't let anyone in after it starts.
★：I'm sorry. <u>You go ahead.</u> I'll meet you at the pizza restaurant after it finishes.

Question: What does Peter advise Jane to do?

訳

☆：もしもし，ジェーン・スミスよ。
★：ああ，ジェーン。ピーターだよ。野球の練習が終わるのが遅かったから，まだ学校にいるんだ。あと20分ぐらいしたらそっちに着くから。
☆：でも，劇はもう始まるところよ。それに，始まってからは劇場は誰も中に入れないわ。
★：ごめんね。君は見に行ってよ。終わってからピザレストランで会おう。
質問：ピーターはジェーンに何をするよう勧めたか。
    1 彼が劇場に着くまで待つ。
    2 追加のピザを注文する。
    3 彼の野球の練習に参加する。
    4 彼抜きで劇を見る。

解説　(You) go ahead. は「どうぞ，さあ」と相手に何かをすることを勧める表現で，この場合は，(You) watch the play. を意味する。前後の文脈から「彼抜きで（without him）」劇を見るよう勧めていることが分かる。

No. 4 ◎ 6　　　　　　　　　　　　　　　　　　　　解答　1

放送文

★：Well, Rachel, what do you think of the new history teacher?
☆：Hi, Richard. Mr. Henderson, you mean? I think he's great. I like all the stories he tells about when he studied in Russia.
★：Do you? I think he should focus more on teaching the textbook. He wastes so much time.
☆：I know what you mean, but I find him interesting.
Question: What does Richard think about the teacher?

訳

★：ねえ，レイチェル，新しい歴史の先生のことをどう思う？
☆：あら，リチャード。ヘンダーソン先生のこと？　彼は素晴らしいと思うわ。彼がロシアで勉強していた時の話が私は全部好きなの。
★：そうなの？　彼はもっと教科書を教えることに集中するべきだと思うな。時間を無駄にし過ぎだよ。
☆：あなたの言うことは分かるけれど，彼は面白いと私は思うわ。
質問：リチャードは先生のことをどう思っているか。
　1　彼は授業中に話をし過ぎる。
　2　彼はもっとロシア語を教えるべきだ。
　3　彼は教科書に頼り過ぎだ。
　4　彼はとても面白い人物だ。

解説　先生の話が面白いと言うレイチェルに対し，リチャードは2番目の発言から否定的であることが分かる。正解肢中の too には否定的な含みがある。2人の意見は正反対なので，質問がどちらの意見を尋ねているかを聞き逃さないようにしよう。

No. 5 ◎ 7　　　　　　　　　　　　　　　　　　　　解答　3

放送文

★：Jill, aren't you going home?
☆：Actually, my dad said he would pick me up from school today. But he just called me to say that he's going to be 30 minutes late.
★：I've got orchestra practice at six. Why don't we go and have a coffee while we're waiting?
☆：That would be great. I really need something to drink.
Question: Why is Jill still at school?

訳

★：ジル，家に帰らないの？
☆：実は，今日は父が学校まで車で迎えに来てくれるって言っていたの。でも，たった今

62. appropriate

電話があって，30分遅れるって。
★：僕は6時にオーケストラの練習があるんだ。待っている間，コーヒーを飲みに行かない？
☆：それはいいわね。何か飲み物がとても欲しいの。
質問：なぜジルはまだ学校にいるのか。
1 彼女は何かを飲みたい。
2 彼女はオーケストラの練習がある。
3 彼女は父親を待っている。
4 彼女は友人と会っている。

解説 男性の最初の発言 aren't you going home? という否定疑問文から，ジルがまだ帰らないのは，何か特別な理由があるからだと分かる。これに対するジルの返事に，学校から帰らない理由が述べられている。

No. 6 ⊙ 8　　　　　　　　　　　　　　　　　　　　解答 2

放送文

☆：Molly and I are going out for dinner tonight. Would you like to join us, Paul?
★：I'd love to, but I'm short of money. How can you afford to go out so much?
☆：I work at a bookstore on Saturdays. You should get a part-time job, too.
★：I want to, but my parents won't let me. They say I should concentrate on getting into college.

Question: Why can't Paul join the others for dinner?

訳

☆：モリーと私は今晩食事に出掛けるの。一緒に行かない，ポール？
★：行きたいんだけど，お金がないんだ。どうしたらそんなに出掛ける余裕があるの？
☆：土曜日に書店で働いているのよ。あなたもアルバイトをしたらいいわ。
★：したいんだけど，両親がさせてくれないんだ。僕は大学へ入ることに集中するべきだって言うんだ。
質問：なぜポールは，ほかのみんなと一緒に夕食を共にすることができないのか。
1 彼は両親に会うことになっている。
2 彼には十分なお金がない。
3 彼は大学の面接試験がある。
4 彼は書店で働いている。

解説 女性の Would you like to join us, Paul? という誘いに対し，男性は I'd love to, but ... と行けない理由を述べており，ここから正解が分かる。

62. 形 適切な

No. 7　⊚ 9　　　　　　　　　　　　　　　　解答　1

放送文

★：Mary, this is Mike. <u>Do you want to go see a movie tomorrow afternoon?</u>
☆：I'd love to, but I can't. <u>I'm going to visit my grandparents after lunch.</u> I won't be home until about five.
★：That's OK. I'll do my homework in the afternoon and then pick you up at six.
☆：That sounds great. I'll look in the newspaper and see what's on tomorrow evening.
Question: What will Mary do tomorrow afternoon?

訳

★：メアリー，マイクです。明日の午後，映画を見に行かない？
☆：行きたいけど，行けないの。昼食の後，祖父母のところに行くの。5時ぐらいまで家に戻らないわ。
★：それなら大丈夫。午後は宿題をやって，6時に車で迎えに行くよ。
☆：それは素晴らしいわ。新聞を見て，明日の晩は何をやっているのか見てみるわ。
質問： メアリーは明日の午後何をするか。

1　祖父母を訪ねる。
2　車でマイクを連れ出す。
3　宿題をやる。
4　新聞を調べる。

解説　冒頭で男性が明日の午後映画に誘っているのに対し，女性は「昼食後，祖父母に会いに行く」と答えており，ここから正解が分かる。

No. 8　⊚ 10　　　　　　　　　　　　　　　　解答　3

放送文

☆：Thank you very much for the tea, Harry. It is very thoughtful of you.
★：Well, it's just a souvenir from England, Yumi. I got back from my trip home yesterday. Actually, it's the tea my family always drinks.
☆：What a beautiful box it's in. <u>It looks really expensive.</u>
★：<u>No, not at all.</u> It's what a lot of English people drink every day.
Question: What is one thing Harry says about the tea?

訳

☆：お茶をどうもありがとう，ハリー。お心遣いとてもうれしいわ。
★：いや，ただのイギリスからのお土産だよ，ユミ。昨日帰省先から帰ってきたんだ。実のところ，それは僕の家族がいつも飲んでいるお茶なんだ。
☆：きれいな箱に入っているのね。とても高そうだわ。

63. apparent

★：いや，全然そんなことないよ。多くのイギリスの人が毎日飲んでいるものだから。
質問：そのお茶についてハリーが言っている1つのことは何か。
　1　彼の家族が彼にそれを送ってくれた。
　2　それはあまりおいしくない。
　3　それはあまり高価なものではなかった。
　4　彼の友人はいつもそれを飲んでいる。

解説　女性の It looks really expensive. に対し，男性が No, not at all. と答えている部分から正解が分かる。続く It's what ... の文からも，紅茶がそれほど高価でないことがうかがえる。

No. 9　解答 4

放送文

★：Julie, can you watch my computer while I go and get a sandwich?
☆：Well, how long will you be, Alex? I've got my history class in half an hour.
★：I'll only be about 15 minutes. I'm just going to the shop in the basement.
☆：OK, but don't be too long. I've got to give a presentation to the class.
Question: What is Alex going to do?

訳

★：ジュリー，僕がサンドイッチを買いに行く間，僕のコンピューターを見ていてくれる？
☆：あら，どのくらいかかるの，アレックス？　私，あと30分したら歴史の授業があるのよ。
★：ほんの15分ぐらいだよ。地下の店に行くだけだから。
☆：いいわ。でも，あまり長時間にならないようにね。私，クラスのみんなにプレゼンテーションをしなければならないんだから。
質問：アレックスは何をしようとしているのか。
　1　歴史の授業に行く。
　2　プレゼンテーションの準備をする。
　3　地下で勉強する。
　4　サンドイッチを買う。

解説　男性の最初の発言から，彼がこれからサンドイッチを買いに行こうとしていることが分かる。1と2は女性の方がやること。どちらが何をするのか混同しないように気をつけよう。

63. 形 明らかな

No. 10 ⊚ 12　　　　　　　　　　　　　解答 **2**

放送文

☆ : Noel, how do you like your apartment?
★ : It's OK, I guess, Sheila. It's a bit noisy because of all the traffic from the road outside. Why do you ask?
☆ : Actually, Bill's looking for someone to share his place next year. I wondered if you would be interested. It's quite expensive, though.
★ : Oh, Bill's place is great. I'll contact him right away.

Question: What does Noel say about his apartment?

訳

☆ : ノエル，あなたのアパートの住み心地はどう？
★ : まずまずだと思うな，シーラ。外の道路の交通のせいで少しうるさいんだ。どうしてそんなこと聞くの？
☆ : 実はビルが来年，自分の住んでいる家をシェアする相手を探しているのよ。あなたは興味があるかなと思って。結構高いんだけれど。
★ : ああ，ビルの家はいいよね。すぐに彼と連絡を取るよ。

質問： ノエルは自分のアパートについて何と言っているか。
1　家賃がとても高い。　　2　静かではない。
3　たいへん便利だ。　　　4　彼のルームメイトが退出しようとしている。

解説　女性が how do you like your apartment? と感想を聞いているので，それに対して男性が何と答えるかに注意。質問はノエルのアパートについて尋ねているので，会話後半に出てくるビルの住居に関する情報と混同しないように注意しよう。

No. 11 ⊚ 13　　　　　　　　　　　　　解答 **3**

放送文

☆ : Mr. Jones, David Smith called to say that he would like to have a meeting with you on Monday at 2 p.m.
★ : I'm sorry, Jess, but Monday's impossible for me. I'm going to Mexico City on business.
☆ : Of course. Sorry, I completely forgot.
★ : I'm leaving on Monday, and I'll be back on Thursday night. Please tell David that I'll contact him after I get back.

Question: What will Mr. Jones do on Monday?

訳

☆ : ジョーンズさん，デイビッド・スミスから電話があって，月曜日の午後2時に会合をしたいとのことです。
★ : すまないが，ジェス，月曜日は無理だ。メキシコシティへ出張なんだ。

64. vague

☆：そうでしたね。申し訳ありません，すっかり忘れていました。
★：月曜日に出発して，木曜日の夜に戻る予定だ。デイビッドには戻ってから連絡すると伝えてくれたまえ。
質問：ジョーンズ氏は月曜日に何をするか。
  1　メキシコシティから来た友人と会う。
  2　デイビッド・スミスと会合を持つ。
  3　出張に出掛ける。
  4　ジェスと昼食を食べに行く。

解説　女性が用件を伝えたのに対し，男性が Monday's impossible for me「月曜日は無理だ」と言うのが聞こえたら，すぐにその理由は何かに注意を向ける。直後の発言からメキシコシティに出張だと分かる。出発するのが月曜日ということは男性の2番目の発言から分かる。

No. 12　　14　　解答　1

放送文

★：Martha, can I talk to you in private for a minute?
☆：Sure, Gary. Let's go over there. Is it about Peter's farewell party?
★：That's right. As you know, our boss asked me to organize it. Do you have any suggestions for a good restaurant?
☆：What about Mario's Pizza House? Peter loves their food, and it won't be too expensive.

Question: What are Martha and Gary talking about?

訳

★：マーサ，ちょっと内密に話せる？
☆：いいわ，ゲーリー。あっちへ行きましょう。ピーターの送別会のこと？
★：その通りだよ。君も知っている通り，僕らの上司から準備するように頼まれているんだ。良いレストランを教えてもらえないかな？
☆：マリオズ・ピザ・ハウスはどう？　ピーターはあそこの料理が大好きだし，高過ぎるということはないわ。
質問：マーサとゲーリーは何について話しているのか。
  1　同僚のためのパーティー。
  2　彼らのお気に入りのレストラン。
  3　今晩どこで食事するか。
  4　ピーターの誕生日パーティー。

解説　女性の Is it about Peter's farewell party? という問いに対して，男性が That's right. と答えている部分から正解が分かる。ピーターが co-worker「同僚」であることは，男性の2番目の発言 our boss … の部分から分かる。

64. 形 あいまいな

No. 13 ⊚ 15 解答 4

放送文

☆ : Ken, did you hear about Lucy? Everybody is talking about it.
★ : What's she done now? Was she late for work again?
☆ : Oh, no, nothing like that. In fact, she has been promoted to office manager. She's moving to the L.A. office next month.
★ : Well, I'm pleased for her, but I must say I am a little surprised.
Question: What has happened to Lucy?

訳

☆ : ケン，ルーシーのことは聞いた？　みんなそのことを話しているのよ。
★ : 今度は何をしたの？　また仕事に遅刻したのかい？
☆ : 違うの，そんなんじゃないの。実はね，彼女は支店長に昇進したの。来月，ロサンゼルス支店に転勤するのよ。
★ : ああ，それはおめでたいね。でも，正直少し驚いたよ。
質問：ルーシーに何が起こったのか。
  1　彼女は会議に遅刻した。
  2　彼女はトラブルに巻き込まれた。
  3　彼女は会社を辞めた。
  4　彼女は別の支店に行かされようとしている。

解説　正解は女性の2番目のせりふ She's moving to the L.A. office ... を言い換えたもの。男性の発言 Was she late for work again? は，次の女性のせりふから，単なる推測にすぎなかったことが分かるので，1に引っ掛からないよう注意。

No. 14 ⊚ 16 解答 2

放送文

★ : Hello, this is John. Can I speak to Jim, please?
☆ : I'm sorry, John. He's out of the office right now. He'll be back later.
★ : Could you tell him I won't be able to meet him this evening as we arranged? I am free tomorrow evening, though.
☆ : I understand. I'll be sure to let him know as soon as he gets back.
Question: Why did John call?

訳

★ : もしもし，ジョンです。ジムをお願いできますか。
☆ : ごめんなさい，ジョン。彼は今外出中よ。後で戻るわ。
★ : 今晩予定通りには会うことができないと，彼に伝えてもらえますか。明日の晩は時間があるのだけれど。
☆ : 分かりました。彼が戻り次第，確実に伝えます。

形容詞終わり。

質問：なぜジョンは電話をしたのか。
1 ジムを夕食に誘うため。
2 約束を取り消すため。
3 事務所を訪問するため。
4 遅れることを謝罪するため。

解説 女性はジムの不在を伝えているが，用件は尋ねていない。しかし，その後で男性が自分から Could you tell him ... と用件を言い始めるので，この発言を集中して聞こう。

No. 15　17　　　　　　　　　　　　　　　　　　　　　　解答 4

放送文
☆: Frank, did you apply for that new position in Paris?
★: I was going to, but then I heard that you need to be able to speak French to do the job. I can't speak it at all. I know some German, but that's all.
☆: Oh, really? I didn't know that was a condition. That makes it difficult.
★: Yes. That's why I gave up the idea.
Question: What does Frank say about the new position?

訳
☆：フランク，パリでのあの新しい職に出願したの？
★：そのつもりだったんだけど，あのあとその仕事をするにはフランス語を話せる必要があるって聞いたんだ。僕は全然フランス語を話せないんだよ。ドイツ語は多少知っているけど，それだけなんだよ。
☆：ええ，本当？　それが条件だとは知らなかったわ。それでは難しいわね。
★：ああ。そういうわけで，申し込むのはあきらめたんだ。
質問：フランクは新しい職について何と言っているか。
1 誰かがパリから来る。
2 彼はそれに申し込んだ。
3 それはドイツ人の従業員に与えられた。
4 申込者はフランス語ができなければならない。

解説 男性の最初の発言中の you need to be able to speak French to do the job から正解が分かる。この節の主語 you は人一般を表し，この職に申し込むすべての人を指している。正解肢中の know は「(言語など) が分かる [できる]」の意味。

少しだけ副詞。

リスニング 第1部　会話の内容一致選択
客と店員，家族，そのほかの会話

対話を聞き，その質問に対して最も適切なものを一つ選びなさい。

No. 1
1. His food is taking too long.
2. He was given the wrong order.
3. The kitchen is dirty.
4. The fish was too cold.

No. 2
1. She will take the books later tonight.
2. He should bring the books tomorrow.
3. She will check the books in now.
4. He must pay a fine to the library.

No. 3
1. Get money from the bank.
2. Go to another store.
3. Buy something very cheap.
4. Use a smaller bill to pay.

No. 4
1. A book about gardening.
2. A book about hobbies.
3. A book about local history.
4. A book about children.

No. 5
1. The railway station.
2. City Hall.
3. A sports stadium.
4. An art museum.

No. 6
1 The chef cannot cook steak well.
2 He does not like the menu.
3 All this restaurant's dishes contain meat.
4 There are no tables available.

24

No. 7
1 Study advanced Russian.
2 Take a Spanish course.
3 Teach English to foreigners.
4 Change her college.

25

No. 8
1 Join a golf club.
2 Purchase a gift.
3 Learn a new sport.
4 Buy a silk tie.

26

No. 9
1 Buy a magazine.
2 Get the groceries.
3 Call the bookshop.
4 Collect a suit.

27

No. 10
1 Help her cook dinner.
2 Do his homework.
3 Watch a TV program.
4 Move his things off the table.

28

65. 副 精神的に

No. 11
1. He will leave the party early.
2. His car is not working.
3. He is going on a trip.
4. His flight has been delayed.

No. 12
1. Clear out the garage.
2. Buy a present for his father.
3. Go to a birthday party.
4. Apologize to Brad for forgetting his birthday.

No. 13
1. Check the timetable.
2. Buy a newspaper.
3. Drink up her coffee.
4. Get some bags.

No. 14
1. A museum.
2. A train station.
3. A department store.
4. A bus stop.

No. 15
1. He had other assignments to do.
2. He was feeling sick.
3. He had to study for an exam.
4. He went to a family wedding.

No. 1 🔊 19　　　　　　　　　　　　　　　　　　　　　　解答 **1**

放送文

★: Waitress, where's my order? <u>I ordered fish and chips 30 minutes ago.</u>
☆: Oh, I'm sorry, sir. Hasn't it come yet? I wonder what happened.
★: If it doesn't come soon, I'm going to leave. I'm too busy to wait around like this.
☆: I'm very sorry, sir. I'll go to the kitchen and find out what the problem is.
Question: Why is the man angry?

訳

★: ウェイトレスさん，私の注文はどうなっているんですか。30分前にフィッシュ・アンド・チップスを注文したんですが。
☆: まあ，申し訳ございません。まだ来ていませんか。どうしたのかしら。
★: もしすぐに来ないんでしたら，もう出ます。私はすごく忙しいので，こんなふうにぼんやりと待っていられないんです。
☆: 誠に申し訳ございません。キッチンに行って何が問題なのか確認してきます。
質問: なぜ男性は怒っているのか。
　1 彼の食べ物に時間がかかり過ぎている。
　2 彼に間違った注文が出された。
　3 キッチンが汚い。
　4 魚が冷た過ぎた。

解説　男性の発言からは一貫して，注文がなかなか出てこないことにいら立っている様子がうかがえる。特に冒頭の発言中の I ordered ... 30 minutes ago. から，時間がかかっていることがはっきり分かる。

No. 2 🔊 20　　　　　　　　　　　　　　　　　　　　　　解答 **3**

放送文

★: Hello. Am I too late? I want to return these books.
☆: I'm sorry. We're just closing. Leave them over there, and <u>I'll check them in tomorrow morning.</u>
★: But they're due today. If you wait until tomorrow I'll have to pay a fine.
☆: OK. <u>I'll do them now.</u> But you should bring them before 5 p.m. on the day they are due.
Question: What does the woman tell the man?

訳

★: こんにちは。遅過ぎますか。これらの本を返却したいのですが。
☆: 申し訳ありません。ちょうど閉めるところなんです。あちらに置いておいていただければ，明日の朝，返却の手続きをしますよ。

66. 副 一時的に

★：でも，今日が返却期限なんです。もしあなたが明日の朝まで先延ばしにしたら，罰金を払わなければならなくなります。
☆：分かりました。今やりましょう。でも，期限日の午後5時前に持って来なければいけないんですよ。
質問：女性は男性に何と言っているか。
　1　今夜遅くにそれらを受け取る。
　2　彼は明日本を持って来なければならない。
　3　彼女は今，本の返却の手続きをする。
　4　彼は図書館に罰金を払わなければならない。

解説　女性は最初，I'll check them (=the books) in tomorrow morning「明日の朝，返却の手続きをします」と言っているが，男性がさらに頼み込んだことで，OK. I'll do them now.「分かりました。今やりましょう」と言っている。この女性の対応の変化に注意しよう。

No. 3　 21　　　　　　　　　　　　　　　　　　　解答 2

放送文

☆：Can you change this 100 dollar bill for me?
★：I'm sorry. We do not give change here. You must buy something if you want change.
☆：I see. I don't really want to buy anything, so I'll try somewhere else then.
★：Good luck. If you go to the store around the corner, they might give you some change.
Question: What does the woman decide to do?

訳

☆：この100ドル札を両替してもらえますか。
★：申し訳ありません。こちらでは両替はしていないんです。小銭が必要でしたら，何かを買っていただかなければなりません。
☆：分かりました。特に買いたい物はないので，じゃあ，どこかほかを当たってみます。
★：うまくいくといいですね。その角を曲がったところにある店に行けば，両替してくれるかもしれませんよ。
質問：女性は何をすることを決心しているか。
　1　銀行からお金を引き出す。　　2　別の店へ行く。
　3　何かとても安い物を買う。　　4　支払いにもっと少額の紙幣を使う。

解説　「依頼」→「拒絶とその理由説明」→「代案」という会話の流れで，この「代案」に当たる女性の発言 ... I'll try somewhere else then「…じゃあ，どこかほかを当たってみます」から正解が分かる。最初の男性の発言から，これが店での会話で，女性のせりふにある somewhere else が another store を意味することが推定できる。

67. frequently

No. 4 🎧 22   解答 3

放送文

★: Hi. I'm looking for a book about the history of this town.
☆: Is it for an adult or a child, sir?
★: It's for me. I'm staying here for a couple of weeks on holiday, and I want to learn more about the place.
☆: I see. You'll find what you want in our local interest section. It's located upstairs next to the gardening books.

Question: What is the man looking for?

訳

★: こんにちは。この町の歴史に関する本を探しているのですが。
☆: 大人向けでしょうか，子ども向けでしょうか。
★: 私が使うんです。休暇でここに2, 3週間滞在するので，この場所についてもっと知りたいんです。
☆: 承知しました。お望みの物は地元関係書のセクションにございます。2階のガーデニング書の隣にあります。

質問: 男性は何を探しているのか。
1 ガーデニングに関する本。   2 趣味に関する本。
3 地元の歴史に関する本。   4 子どもに関する本。

解説 冒頭の男性の発言から正解が分かる。a book about the history of this town が，正解では A book about local history. と言い換えられている。

No. 5 🎧 23   解答 4

放送文

☆: Driver, how long will it take to get to the City Art Museum?
★: About an hour, madam.
☆: That seems a very long time. Isn't it located next to City Hall?
★: Oh, no. It moved last year. Didn't you know about that? It moved to a new building next to the sports stadium. You'd be better off taking a train than a taxi.

Question: Where does the woman want to go?

訳

☆: 運転手さん，市立美術館まではどのくらいかかりますか。
★: 1時間ぐらいですよ。
☆: ずいぶん長時間ですね。市役所の隣ではなかったですか。
★: いえ，違います。去年移転したんです。ご存じなかったのですか。スポーツ競技場の隣の新しいビルに移転したんです。タクシーよりも電車に乗る方がいいですよ。

67. 副 頻繁に

質問：女性はどこに行きたいのか。
　1　鉄道の駅。　　　2　市役所。
　3　スポーツ競技場。　4　美術館。

解説　女性が冒頭で Driver「運転手さん」と呼びかけていることから，タクシーでの会話だと分かる。続けて女性は，目的地である City Art Museum「市立美術館」までの時間を聞いている。be better off *doing* は「～する方がもっとよい」の意味。

No. 6　24　　　　　　　　　　　　　　　　　　　　解答　3

放送文

☆: Hello. Ridley's Steak House.
★: Hello. I'd like to book a table for two this evening. But my friend is vegetarian.
☆: I'm afraid all our dishes have meat in them.
★: Couldn't the chef prepare something without meat in it for her? Anything would do.
☆: I'm sorry, sir. We only serve the dishes that are on our menu. Perhaps you should try another restaurant.
Question: What is the man's problem?

訳

☆：はい，リドリーズ・ステーキハウスです。
★：もしもし，今晩２人分のテーブルを予約したいのですが，私の友人は菜食主義者なんです。
☆：あいにく当店の料理にはすべて肉が入っています。
★：彼女のために肉の入っていないものを，シェフに用意してもらえませんか。何でもいいのですが。
☆：申し訳ございません。当店ではメニューにある料理のみをお出ししています。多分ほかのレストランを当たってみた方がいいですよ。

質問：男性の問題は何か。
　1　シェフがステーキを上手に料理できない。
　2　彼はそのメニューが好きではない。
　3　このレストランのすべての料理が肉を含んでいる。
　4　テーブルが空いていない。

解説　男性の最初の発言中に my friend is vegetarian とある。vegetarian とは肉などを食べずに，野菜類を主な食べ物としている人。友人のために，肉が入っていない料理があるかを男性は尋ねているのだが，女性店員の次の発言から肉料理しか扱ってないことが分かる。その後に続くやりとりでも，問題は解決していない。

68. generally

No. 7 ◎ 25   解答 1

放送文

★: Hello. Welcome to Premium Language School. How can I help you?
☆: Hi. I'm looking for a Russian course. Do you have any available?
★: Well, we have a beginners' course on Monday evenings. We mainly teach English and Spanish here.
☆: I see. Actually I've already taken lots of courses, so I'm looking for something more advanced. I think I'll try somewhere else.

Question: What does the woman want to do?

訳

★: こんにちは。プレミアム語学学校へようこそ。ご用件をお伺いします。
☆: こんにちは。私はロシア語の講座を探しています。受講できるコースはありますか。
★: そうですね，月曜の晩に初心者の講座がございます。当校では主に英語とスペイン語を教えております。
☆: 分かりました。実はすでにたくさんの講座を受講してきたので，もっと上級のものを探しているんです。どこかほかを当たってみようと思います。

質問： 女性は何をしたいのか。
1 上級のロシア語を勉強する。
2 スペイン語の講座を受講する。
3 外国人に英語を教える。
4 彼女の大学を替える。

解説 女性 I'm looking for a Russian course.「ロシア語の講座を探している」→男性「初心者の講座がある」→女性 I'm looking for something more advanced「もっと上級者向けのものを探している」という会話の流れを踏まえると **1** が正解と分かる。

No. 8 ◎ 26   解答 2

放送文

★: Excuse me. I wonder if you can help me. I'm looking for something for my girlfriend's father.
☆: Certainly, sir. How about giving him a silk tie? We have a very large selection.
★: No, I gave him one last year. Do you sell golf gloves? He loves playing golf.
☆: You'll have to ask in our sports department. We only sell gentlemen's clothing on this floor.

Question: What does the man want to do?

68. 副 一般に

訳

★：すみません。手伝っていただけますでしょうか。ガールフレンドのお父さんのために贈り物を探しているんです。

☆：承知いたしました。絹のネクタイをお贈りしてはいかがでしょうか。当店には豊富な品ぞろえがございます。

★：いや，それは去年プレゼントしたんですよ。ゴルフ用の手袋は売っていますか。彼はゴルフをするのが大好きなんです。

☆：当店のスポーツ用品売り場でお尋ねください。この階では紳士服のみを販売しております。

質問：男性は何をしたいのか。
1　ゴルフクラブに加入する。
2　贈り物を買う。
3　新しいスポーツを習う。
4　絹のネクタイを買う。

解説　冒頭の男性の発言 I'm looking for something for my girlfriend's father. から，贈り物を探していると分かる。ほかの選択肢は会話文中に出てきた語を利用した引っ掛けなので，注意しよう。

No. 9　27　　解答　1

放送文

★：Jane, did you remember to buy my soccer magazine at the supermarket?

☆：Oh, no, I'm sorry.　I had the groceries to buy and so many other things to do that I completely forgot.

★：I guess I can go to the bookshop later and get a copy myself.

☆：I did remember to get your suit from the cleaners.

Question: What did Jane forget to do?

訳

★：ジェーン，スーパーマーケットで忘れずに僕のサッカーの雑誌を買ってきたかい？

☆：あら，まあ，ごめんなさい。買わなければならない食料品やほかにもすることがたくさんあって，すっかり忘れていたわ。

★：後で本屋さんに行って，自分で買えるからいいよ。

☆：クリーニング屋さんからあなたのスーツを取ってくるのは覚えていたんだけど。

質問：ジェーンは何をすることを忘れたのか。
1　雑誌を買う。　　2　食料品を買う。
3　書店に電話する。　4　スーツを取りに行く。

解説　冒頭の男性の did you remember to buy my soccer magazine ...? に対し，女性は Oh, no, I'm sorry. と答えており，サッカーの雑誌を買い忘れたと分かる。

69. exactly

No. 10　⊙ 28　　　　　　　　　　　　　　解答 **4**

放送文

☆: Jimmy, dinner will be ready soon. <u>Can you clear your homework from the table?</u>
★: Oh, Mom! I'm watching my favorite program. Can't you do it?
☆: We talked about this, Jimmy. You promised that you would make more effort to help around the house.
★: I guess so. It's just that you always ask me to do things when I'm busy.
Question: What does Jimmy's mother want him to do?

訳

☆: ジミー，もうすぐ夕食ができるわ。テーブルの宿題を片付けてくれる？
★: もう，母さん！ 大好きなテレビ番組を見ているんだよ。母さんがやってくれない？
☆: このことについては話をしたわよ，ジミー。あなたは家のことを手伝うようもっと努力をするって約束したでしょう。
★: そうだね。ただ，母さんはいつも僕が忙しい時に何かをしてって頼むから。
質問： ジミーの母親は彼に何をしてほしいのか。
　1　彼女が料理をするのを手伝う。
　2　宿題をする。
　3　テレビ番組を見る。
　4　<u>テーブルにある彼の物を片付ける。</u>

解説　Can you clear your homework from the table?「テーブルの宿題を片付けてくれる？」と冒頭で母親が息子に頼んでいる部分から正解が分かる。

No. 11　⊙ 29　　　　　　　　　　　　　　解答 **3**

放送文

☆: Dad, can you pick me up tonight? I'm going to a party at Sandy's house.
★: I'm sorry, Sue. I can't. <u>I'm going to London on business and my flight leaves this morning.</u> Why don't you ask Dan?
☆: I did, but his car's broken. By the time the party finishes all the trains will have stopped.
★: I guess you'll just have to leave before it ends.
Question: Why can't Sue's father pick her up?

訳

☆: 父さん，今夜迎えに来てくれる？ サンディの家のパーティーに行くの。
★: すまんよ，スー。行けないんだ。仕事でロンドンへ行く予定で，私の乗る飛行機は今日の午前中に出発するんだ。ダンに頼んだらどうだい？
☆: 頼んだんだけど，彼の車は故障しているの。パーティーが終わるまでには電車はみん

69. 副 まさに，ちょうど

な終わっているのよ。
★：パーティーが終わる前に帰るしかないようだね。
質問：なぜスーの父親は彼女を迎えに行けないのか。
  1　彼はパーティーから早く帰るだろう。
  2　彼の車は故障している。
  3　彼は旅に出る予定だ。
  4　彼の乗る飛行機は遅れている。

解説　スーの依頼に対し，父親は断ってからその理由を I'm going to London on business and … と述べており，これを He is going on a trip. と簡潔に言い換えた **3** が正解。故障しているのはダンの車で，父親の車ではないので，**2** に引っ掛からないよう注意。

No. 12　　30　　　　　　　　　　　　　　　解答 **3**

放送文

★: Mom, I'm going out on Sunday.
☆: But, John, I thought that you promised to help your father clear out the garage.
★: Oh, no. I completely forgot about that. Brad has invited me to a party at his house. It's his birthday on Sunday.
☆: Well, I suppose it can't be helped. But you should say sorry to your father.
Question: What will John do on Sunday?

訳

★：母さん，日曜日は出掛けるよ。
☆：でもジョン，父さんがガレージを片付けるのを，手伝う約束をしたと思うけど。
★：ああ，いけない。そのことはすっかり忘れていたよ。ブラッドが自宅でやるパーティーに誘ってくれているんだ。日曜日は彼の誕生日なんだよ。
☆：まあ，それじゃあ，しょうがないわね。でも，お父さんには謝らないと駄目よ。
質問：ジョンは日曜日に何をするか。
  1　ガレージを片付ける。
  2　父親にプレゼントを買う。
  3　誕生日パーティーに行く。
  4　ブラッドに彼の誕生日を忘れていたことを謝る。

解説　ジョンの最初の発言から，日曜日に出掛ける予定であること，2番目の発言から出掛ける理由がブラッドの誕生日パーティーであることがそれぞれ分かる。さらに母親は最後の発言で，it can't be helped「しょうがない」と言っているので，ジョンはパーティーに行くことになるだろうと推測できる。

70. accordingly

No. 13 ⓞ 31　　　　　　　　　　　　　　　　　　　　解答 2

放送文

☆：Excuse me, would you mind watching my bags for me for a minute?
★：No problem, but how long will you be? My train leaves in 15 minutes.
☆：Oh, don't worry. <u>I'm just going to buy a newspaper</u> to read while I'm waiting for my train.
★：OK. It will take me about 10 minutes to finish my coffee anyway.
Question: What does the woman want to do?

訳

☆：すみませんが，ちょっと私のカバンを見ていてもらえませんか。
★：構いませんが，どのぐらいですか。私の乗る列車はあと15分で出発します。
☆：ああ，ご心配なく。列車を待っている間に読む新聞を買ってくるだけですから。
★：分かりました。どのみち自分のコーヒーを飲み終わるのに10分ぐらいかかりますから。
質問： 女性は何をしたいのか。
　1　時刻表を確認する。　　　2　新聞を買う。
　3　自分のコーヒーを飲み干す。　4　いくつかカバンを手に入れる。

解説　女性は2番目の発言で, I'm just going to buy a newspaper ...「…新聞を買ってくるだけ」と言っている。

No. 14 ⓞ 32　　　　　　　　　　　　　　　　　　　　解答 1

放送文

☆：Can I help you? You look lost.
★：Actually, <u>I'm looking for the science museum</u>. Do you know where it is?
☆：Yes, I do. And you're in the wrong place. It's on the other side of the station, next to James' Department Store.
★：I see. I must have got off the bus one stop too early. Thank you very much.
Question: What is the man looking for?

訳

☆：お手伝いしましょうか。道に迷っていらっしゃるようですが。
★：実は，科学博物館を探しているんです。どこにあるかご存じですか。
☆：ええ，知っています。あなたは間違った場所にいらっしゃいますよ。それは駅の反対側の，ジェームズ百貨店の隣にあります。
★：分かりました。停留所1つ，バスを早く降りてしまったようです。どうもありがとうございました。
質問： 男性は何を探しているのか。

70. 副 それに従って

1 博物館。　　2 鉄道の駅。
3 百貨店。　　4 バス停。

解説 冒頭の女性の問いかけに対し，男性は I'm looking for the science museum.「科学博物館を探している」と答えている。誤答選択肢はすべて会話文中に出てくる場所なので，混同しないように話の内容をつかみたい。

No. 15　33　　　　　　　　　　　　　　　　　　　解答　4

放送文

☆：Simon, where's your history project? You were supposed to hand it in yesterday.
★：I'm sorry, Mrs. Jones. I tried to finish it over the weekend, but I didn't have enough time.
☆：I know this is a busy time with the final exams, and I'm sure you have other assignments.
★：It's not that. My sister got married on Sunday, and I had to help out.
Question: Why didn't Simon finish his homework?

訳

☆：サイモン，あなたの歴史の研究課題はどこですか。昨日提出することになっていたのですよ。
★：申し訳ありません，ジョーンズ先生。週末に終わらせようとしたのですが，時間が足りませんでした。
☆：今は期末試験で忙しい時期なのは分かります。ほかの課題もあったのでしょう。
★：そうではないんです。姉が日曜日に結婚したので，手伝わなければならなかったんです。
質問：なぜサイモンは宿題を終えなかったのか。
1　彼にはほかにやらなければならない課題があった。
2　彼は具合が悪かった。
3　彼は試験勉強をしなければならなかった。
4　彼は家族の結婚式に行った。

解説 男子生徒の2番目の発言から正解が分かる。〔会話文〕My sister got married … →〔正解肢〕He went to a family wedding. の言い換えに注意。be supposed to *do* は「～することになっている」の意味。

副詞終わり。

単語クイズ 3 　形容詞・副詞編

英単語クイズに挑戦しよう。

Let's try!

1
- 空の　　　　　　　　　□□□ ant
- 適切な　　　　　　　　□□□□ priate
- 気前のよい，寛大な　　□□□ rous
- 特有の　　　　　　　　□□ que
- 環境に優しい　　　　　□□ logical

2
- 法律の，合法的な　　□ gal
- 明らかな　　　　　　□□□ rent
- 技術的な　　　　　　□□□ nical
- 典型的な　　　　　　□□□ ical
- 不可欠な　　　　　　□□□ ntial
- 定期的な　　　　　　□□□ lar

3
- きちんと　　□□□ tly
- 特に　　　　□□□ cially
- いつも　　　□ ways
- 比較的に　　□□□ tively
- 無限に　　　□ mit □□□□ ly
- まだ　　　　et

クイズの答えは P.230

リスニング 第2部

英文の内容一致選択

合格のポイント	188
でる度 Ⓐ ある人物のエピソード	190
でる度 Ⓑ アナウンス, 文系・理系トピック	203

リスニング 第2部 英文の内容一致選択
合格のポイント

どんな問題？

短い英文と，最後にその英文に関する質問が放送されます。その質問に対する答えを，問題冊子に印刷されている4つの選択肢から選ぶ問題です。英文と質問は一度しか放送されません。

全部で15問あります。解答時間はそれぞれ10秒です。

【放送される英文】

No. 16

Mike works at a garden center. He used to work as a cashier, but last month his boss asked him to start doing customer service. He enjoys giving people advice about which plants to buy, but sometimes they ask him very difficult questions. Recently, he has learned a lot about plants by reading gardening books, and he is getting much better at answering the customers' questions.

Question: What is one thing Mike has been doing recently?

【問題冊子に印刷された選択肢】

No. 16   1   Buying plants for his garden.
            2   Learning about plants.
            3   Writing a gardening book.
            4   Asking his boss more questions.

解答：2（2015年度第1回検定より）

正解への道

1. リスニング第1部同様，放送が流れる前に余裕があれば，問題冊子に印刷された選択肢に簡単に目を通しておきましょう。問題によっては，放送文の内容や状況などが大まかに推測できるものもあるので，リスニングの助けになることもあります。
2. 放送文は質問が最後に流れるので，質問が放送され終わるまでは，英文のどの部分がどのように質問されるのかを予測することは困難です。ただ，放送文が流れている間，メモをとることが可能なので，誰が，いつ，何をしたのかを混乱しないように，整理しながら聞きましょう。
3. 正解を選び終わったら，次の問題の放送文が流れるまで，選択肢に目を通しましょう。

学習のアドバイス

　リスニング第1部と同様に，この本に掲載されている問題や過去問などを利用して，放送文を聞いて10秒以内に解答する，という形式に慣れるようにしましょう。また，問題を数多く解くことで，英文の流れや表現にも慣れることができるでしょう。

　出題される英文のテーマは，ある人物のエピソードが最も多く，半分以上を占めます。そのほかにもアナウンス，社会的トピックや科学的トピックなども出題されます。

リスニング 第2部　英文の内容一致選択
ある人物のエピソード

解答時間 10 秒
（解答・解説 P.193〜202）

英文を聞き，その質問に対して最も適切なものを一つ選びなさい。

No. 1
1. Mr. Gunther enjoyed her cooking.
2. Mr. Gunther invited her to Germany.
3. Mr. Gunther praised her German.
4. Mr. Gunther visited her school.

No. 2
1. His mother was angry with him.
2. He had to stay home and see his uncle.
3. His girlfriend did not feel well.
4. He was busy preparing for a test.

No. 3
1. Remembering the names of the characters.
2. Finishing the novel in time for the meeting.
3. Choosing a book that they all enjoyed.
4. Finding a time when they could all meet.

No. 4
1. Someone spoke to her in English.
2. Someone showed her the museum.
3. Someone asked her for a date.
4. Someone praised her Italian.

No. 5
1. Where to live after he graduates.
2. What job to do in the future.
3. What subject to study at college.
4. Where to study computer programming.

ここからは熟語だよ。

No. 6
1 Visit some historical sites.
2 Write a book about Britain.
3 Have her cousin to stay.
4 Do a project on the United States.

No. 7
1 His parents will take him to New York.
2 His pen friend will visit him.
3 Michel has invited him to France.
4 He met an old friend at a show.

No. 8
1 Help his father with his job.
2 Work for a company.
3 Go on a summer holiday.
4 Study at a university.

No. 9
1 He enjoys painting pictures of them.
2 He thinks they taste better.
3 He wants to cook them for his friends.
4 He wants to save money.

No. 10
1 To take the cat back to the country.
2 To give the cat his favorite food.
3 Not to leave the cat alone.
4 Not to let the cat out for a week.

71. break into

No. 11
1 Jenny left for home early.
2 Jenny did not like the food.
3 He had left his wallet at home.
4 He could not pay for the meal.

No. 12
1 He argued with his boss.
2 He had to go to his office.
3 He could not play tennis.
4 He could not watch the match.

No. 13
1 Some of her flowers were damaged.
2 She was frightened by a dog.
3 Somebody broke her fence.
4 The flowers did not grow.

No. 14
1 To suggest a topic for the competition.
2 To lend him some money.
3 To buy him a book of poems.
4 To help him choose a poem.

No. 15
1 She asks her to tell her stories about the past.
2 She learns how to cook new dishes.
3 She helps her to look after her garden.
4 She does her housework for her.

71. 〜に押し入る

No. 1 ◎ 35   解答 3

放送文

Joan has been studying German for three years at school. Last week, her mother brought home a client from work. His name was Mr. Gunther, and he was from Germany. Joan and Mr. Gunther spoke German together during dinner. <u>He said that Joan's German was very good.</u> She felt very happy <u>when he said this</u>, and she decided that she would like to visit Germany one day.
Question: Why did Joan feel happy?

訳

ジョーンは，学校で3年間ドイツ語を学んできた。先週彼女の母が，仕事の顧客を家に連れてきた。彼の名前はグンター氏といい，ドイツの出身であった。ジョーンとグンター氏は夕食の間，ドイツ語で話をした。彼は，ジョーンのドイツ語がとても上手だと言った。彼がそう言った時，彼女はとてもうれしかった。そして，いつかドイツを訪問しようと決心した。
質問：なぜジョーンはうれしかったのか。
　1　グンター氏が彼女の料理を楽しんだ。
　2　グンター氏が彼女をドイツに招待した。
　3　グンター氏が彼女のドイツ語を褒めた。
　4　グンター氏が彼女の学校を訪問した。

解説　第6文の when he said this の this が前文の内容を指しており，ここから正解が分かる。〔放送文〕… said that Joan's German was very good →〔選択肢〕… praised her German の言い換えに注意。

No. 2 ◎ 36   解答 2

放送文

Bill arranged to go out for a meal with his girlfriend, Diana, on Saturday evening. When Bill told his mother, <u>she looked surprised</u>. She reminded Bill that <u>his uncle was going to visit them for dinner on Saturday</u>. Bill had forgotten all about the arrangement. He was sorry not to go out with Diana, but <u>eventually he decided to cancel his date and stay at home</u>.
Question: Why did Bill cancel his date?

訳

ビルは，土曜日の夕方にガールフレンドのダイアナと食事に出掛ける約束をした。ビルが母にそれを話すと，母は驚いたようだった。彼のおじが土曜日に夕食のために訪ねてくる予定であることを，母はビルに思い出させた。ビルはその予定のことはすっかり忘れていた。ダイアナと出掛けられないのは残念だったが，結局彼はデートをキャンセルし，家にいることにした。

72. stand by

質問：なぜビルはデートをキャンセルしたのか。
1 彼の母が彼のことを怒っていた。
2 彼は家に留まり，おじに会わなければならなかった。
3 彼のガールフレンドの気分が優れなかった。
4 彼はテストの準備で忙しかった。

解説 第2文の she looked surprised が聞こえたら，後に続くその理由を注意して聞こう。続く文で予定が重複したこと，最後の文から，最終的にビルがどうすることにしたのかが分かる。

No. 3　⊙ 37　　　　　　　　　　　　　　　　　　　　　解答 1

放送文
Wendy belongs to a small reading group. Each month, the group reads a novel and talks about it. Last month, the group read a novel about Korea. Wendy loved the novel but she found it very difficult to remember the characters' names. When the group met, all the members said the same thing. Wendy was glad that she had not been the only one.
Question: What did the group's members find difficult?

訳
ウェンディは，小さな読書グループに所属している。毎月，そのグループは小説を読み，それについて話をする。先月，そのグループは韓国についての小説を読んだ。ウェンディはその小説が大好きだったが，登場人物の名前を覚えるのがとても難しいと思った。グループの会合の時，会員全員が同じことを言った。ウェンディは，自分1人だけではなかったと知ってほっとした。
質問：グループの会員は，何が難しいと思ったのか。
1 登場人物の名前を覚えること。
2 会合に間に合うように小説を読み終えること。
3 彼ら全員が楽しめる本を選ぶこと。
4 彼ら全員が会うことができる時を見つけること。

解説 第4文から，ウェンディが登場人物の名前を覚えるのが難しかったことが分かる。次の文で all the members said the same thing とあり，会員全員がウェンディと同じ感想を持ったことが分かる。the same thing が第4文の内容を指していると分かるかがポイント。

72. 待機する

No. 4 38　　　解答 3

放送文

Sarah went on vacation to Rome. When she arrived in Rome, she found many people there could speak good English. One day at a museum, an Italian boy spoke to her. <u>He asked her to go on a date with him. Sarah did not know whether to go, but she was pleased he asked her.</u> She took his telephone number just in case.
Question: Why was Sarah pleased?

訳

サラは，休暇でローマに行った。彼女はローマに着いて，そこにいる多くの人々が英語を上手に話せることを知った。ある日博物館で，1人のイタリア人の若い男が彼女に話しかけてきた。彼は彼女をデートに誘った。サラは行くかどうか悩んだが，彼が自分を誘ってくれたことはうれしかった。彼女は一応念のため，彼に電話番号を教えてもらった。
質問：なぜ，サラはうれしかったのか。
 1　ある人が英語で彼女に話しかけた。
 2　ある人が彼女に博物館を案内した。
 3　ある人が彼女をデートに誘った。
 4　ある人が彼女のイタリア語を褒めた。

解説　第4～5文から正解が分かる。第5文の he asked her の後ろには to go on a date with him が省略されている。

No. 5 39　　　解答 2

放送文

Trevor is studying mathematics at college. <u>Soon he will graduate</u>, so now he is trying to <u>decide what to do</u>. One of his friends said he should become a teacher, but Trevor feels he would rather work as a computer programmer. If he does that, though, he will need to take another course next year. He has decided to talk to his parents next time he goes home.
Question: What is Trevor trying to decide?

訳

トレバーは大学で数学を勉強している。間もなく卒業するので，今彼は何をするべきかを決めようとしている。友人の1人が，彼は先生になるべきだと言ったが，トレバー自身はコンピューター・プログラマーとして仕事をする方がいいと思っている。しかし，もしそうするのであれば，彼は来年，別の講座を受講する必要がある。彼は今度家に帰った時，両親と話をすることにした。
質問：トレバーは何を決めようとしているか。

73. go with

1 卒業後どこに住むか。
2 将来何の仕事をするか。
3 大学で何の科目を勉強するか。
4 どこでコンピューターのプログラミングを勉強するか。

解説 第2文の decide what to do は，decide what job to do という意味を表している。そのことは同文中の Soon he will graduate および続く第3文以降の内容から推測できる。

No. 6 ◎ 40　　　　　解答 1

放送文
Victoria goes to school in the United States, but her favorite subject is British history. Next summer, she plans to go to Britain and visit sites connected with history. She will stay with her cousin who lives in London. Victoria is very excited about the trip. After she gets back, she plans to write a school project about her experiences.
Question: What will Victoria do next summer?

訳
ビクトリアはアメリカ合衆国の学校に通っているが，彼女の一番好きな科目は英国史である。今度の夏，彼女は英国に行き，歴史に関連する場所を訪ねる予定である。彼女はロンドンに住んでいる，いとこの所に滞在するつもりだ。ビクトリアは，旅行についてとても胸を躍らせている。彼女は帰国してから，学校の宿題で自分の経験について書く予定である。
質問：ビクトリアは今度の夏何をするつもりか。
1 いくつかの史跡を訪れる。
2 英国についての本を書く。
3 彼女のいとこに泊まってもらう。
4 アメリカ合衆国に関する研究課題をする。

解説 Next summer, で始まる第2文から正解が分かる。〔放送文〕sites connected with history →〔選択肢〕historical sites という言い換えに注意。

73. 〜と調和する

No. 7　　解答 2

放送文

Oscar lives in New York. He has a French pen friend named Michel. Oscar has been writing to him for three years. Last week, Michel sent a letter saying that he would be visiting New York with his parents next summer. Oscar was very pleased to hear this. He is now making a list of all the places he wants to show Michel when he is there.

Question: Why was Oscar pleased?

訳

オスカーはニューヨークに住んでいる。彼にはミシェルという名前のフランス人のペンフレンドがいる。オスカーは３年間彼に手紙を書き続けている。先週ミシェルが，今度の夏，自分の両親と一緒にニューヨークを訪れるという内容の手紙を送った。オスカーは，この便りをもらってとてもうれしかった。今彼は，ミシェルの滞在中，彼を案内したいすべての場所のリストを作成しているところだ。

質問：なぜ，オスカーはうれしかったのか。
1　両親が彼をニューヨークへ連れて行く。
2　彼のペンフレンドが彼を訪ねてくる。
3　ミシェルが彼をフランスに招待した。
4　彼はショーで旧友に出会った。

解説　第５文の ... pleased to hear this の this は前文の内容を指しており，ここから正解が分かる。また，冒頭の Oscar lives in New York.「オスカーはニューヨークに住んでいる」という正解の大前提も聞き逃さないようにしたい。

No. 8　　解答 4

放送文

Peter plans to become a computer engineer. For this reason, he has decided to study computing when he goes to university next year. Recently, though, he has started to worry that he may not enjoy working with computers. His father suggested that he get a summer job with a computer company to find out whether he likes it. Peter is now looking for such a job.

Question: What will Peter do next year?

訳

ピーターはコンピューター・エンジニアになるつもりである。この理由から，彼は来年大学へ進学したら，コンピューター関係の勉強をすることに決めた。しかし最近，彼はコンピューターで仕事をすることを楽しめないかもしれないと心配し始めた。彼の父は，彼が夏のアルバイトとしてコンピューター会社で働き，その仕事が好きかどうかを突き止めてはどうかと提案した。ピーターは現在，そのような仕事を探している。

74. get over

質問：ピーターは来年何をするか。
1　彼の父の仕事を手伝う。
2　会社で仕事をする。
3　夏休みの旅行に出掛ける。
4　大学で勉強する。

解説　第2文から正解が分かる。同文中にある next year のような時間表現に注意して，いつ，誰が，何をしたのかを整理しながら聞くようにしよう。

No. 9　◎ 43　　　　　　　　　　　　　　　解答 2

放送文
Mr. Robinson has many hobbies, including painting pictures and cooking. Recently, though, he has become interested in growing vegetables. In his garden, he grows both cabbages and lettuces. He believes that the ones he grows are not only tastier but also better for you than the ones in shops. He plans to start growing cucumbers as well next year.
Question: What is one reason Mr. Robinson grows vegetables?

訳
ロビンソン氏には，絵を描くことや料理をすることなど，たくさんの趣味がある。しかし最近，彼は野菜を育てることに興味を持つようになった。彼は庭でキャベツとレタスを栽培している。彼は，自分が育てる野菜は店のものよりもおいしいだけでなく，より健康に良いと思っている。来年，彼はキュウリの栽培も始めるつもりである。
質問：ロビンソン氏が野菜を栽培する1つの理由は何か。
1　彼はそれらの絵を描くのを楽しむ。
2　彼はそれらがよりおいしいと思っている。
3　彼は友人のためにそれらを料理したい。
4　彼はお金を節約したい。

解説　第4文から正解が分かる。同文の the ones は the vegetables を指している。放送文の are ... tastier が，正解では taste better と言い換えられている。

74.　〜から立ち直る

No. 10　44　　　解答 4

放送文

Richard recently moved from the countryside to the city. When he moved, he brought his pet cat, Bruno, with him. At first, Bruno seemed fine, but after a few days his fur began to fall out. Richard took him to the animal doctor, who said this was caused by stress. <u>He told Richard to keep the cat inside for a week.</u> Richard hopes that Bruno will get better soon.

Question: What did the doctor tell Richard?

訳

リチャードは最近，田舎から都会へ引っ越した。引っ越しの時，彼はペットの猫のブルーノを一緒に連れて来た。最初のうちは，ブルーノは元気そうだったが，2，3日後に彼の毛が抜け落ち始めた。リチャードは彼を獣医のところへ連れて行ったが，医者はそれをストレスによるものだと言った。彼はリチャードに，1週間は猫を室内に留めておくように言った。リチャードは，ブルーノがすぐに快方に向かうよう願っている。

質問：医者はリチャードに何と言ったか。
1　猫を田舎に連れて帰る。
2　猫に彼の大好きな食物を与える。
3　猫をひとりぼっちにしておかない。
4　猫を1週間外に出さない。

解説　第5文から正解が分かる。同文は tell O to do「Oに〜するよう言う」の構文。〔放送文〕keep the cat inside →〔選択肢〕not to let the cat out の言い換えに注意。

No. 11　45　　　解答 4

放送文

Last week, Jenny went on a date with Paul, a boy in her class. Paul took her to an Italian restaurant. They really enjoyed the meal. When the bill came, though, Paul looked very unhappy. <u>He admitted the meal cost more than he expected and he asked Jenny to lend him some money.</u> Luckily, she had brought enough money with her.

Question: Why was Paul unhappy?

訳

先週，ジェニーは同じクラスの男の子のポールとデートに行った。ポールは，彼女をイタリアン・レストランへ連れて行った。彼らは食事をとても楽しんだ。しかし，請求書が来た時，ポールはとても気まずそうな顔をした。彼は自分が思っていたより食事の費用がかさんだことを告白し，ジェニーにいくらかお金を貸してくれるよう頼んだ。幸い，彼女は十分なお金を持って来ていた。

質問：なぜ，ポールは気まずかったのか。

75. go through

1　ジェニーが早く家へ帰った。
2　ジェニーがその食べ物が好きではなかった。
3　彼は自宅に財布を置き忘れてきた。
4　彼は食事の代金を払うことができなかった。

解説　第5文で費用が予想よりかさんだことと，ジェニーにお金を貸してくれるよう頼んだことが述べられているので，支払いができなかったことが推測できる。財布を忘れたという情報はないので，3に引っ掛からないよう注意。

No. 12　🔊 46　　　　　　　　　　　　　解答 **3**

放送文

Todd loves playing tennis. Last week, he arranged to play a match with a friend on Saturday afternoon. On Friday, however, his boss asked him to finish a report by Monday morning. Todd knew that he could not do both. He felt very disappointed, but he decided to put his job first. He called his friend and cancelled the match.

Question: Why was Todd disappointed?

訳

トッドはテニスをするのが大好きだ。先週，彼は土曜日の午後に友人と試合をするよう手はずを整えた。しかし金曜日，彼の上司は彼に，月曜日の朝までにレポートを完成させるよう頼んだ。トッドは，両方をすることは不可能だと思った。彼はとてもがっかりしたが，仕事を優先させることにした。彼は友人に電話をして，試合を中止した。

質問：なぜトッドはがっかりしたのか。
1　彼は上司と口論した。
2　彼は会社に行かなければならなかった。
3　彼はテニスをすることができなかった。
4　彼は試合を見ることができなかった。

解説　第5〜6文から正解が分かる。第3文以降で，トッドの予定が重複してしまったことが分かるので，最終的に彼がどうすることに決めるのかに注意しながら聞いていこう。

75.　〜を経験する

No. 13 ◉ 47　　　　　　　　　　　　　　　　　　　解答 １

放送文

Jane has a big garden and in it she grows many flowers. Last week, though, she had a problem. The earth in one of the flower beds had been dug up and the flowers scattered. She felt very upset. She thinks it was probably her neighbor's dog that did it. She has decided to ask her neighbor to keep his dog out of her garden.
Question: Why was Jane upset?

訳

ジェーンは大きな庭を持っていて，その中でたくさんの花を栽培している。しかし先週，問題が生じた。花壇のうちの１つの土が掘り起こされ，花が散乱していたのだ。彼女はとても不愉快に感じた。これをしたのはおそらく隣人の犬だろうと彼女は考えている。彼女は隣人に，庭に犬が入らないようにしてくれるよう，頼むことに決めた。
質問：なぜジェーンは不愉快だったのか。

1　彼女の花のいくつかが駄目にされた。
2　彼女は犬に怖い思いをさせられた。
3　誰かが彼女のフェンスを壊した。
4　花が成長しなかった。

解説　第３文に「花壇が荒らされた」ことが述べられ，それを受けて続く文に She felt very upset. とあるので，このことが，ジェーンが不愉快に思った理由だと分かる。

No. 14 ◉ 48　　　　　　　　　　　　　　　　　　　解答 ４

放送文

Josh loves reading and writing poems. His teacher at school says that his poems are very good. Last week, Josh saw an advertisement in the newspaper for a poetry competition. Josh has decided to enter, but he cannot decide which poem to send. He plans to ask his teacher's advice. The first prize in the competition is 50 dollars. If he wins, he will buy some books.
Question: What will Josh ask his teacher?

訳

ジョシュは，詩を読んだり書いたりするのが大好きだ。学校の先生は，彼の詩はとても良いと言ってくれる。先週，ジョシュは新聞で詩のコンテストの広告を見た。ジョシュは，それに参加することにしたが，どの詩を送るべきかを決められずにいる。彼は先生にアドバイスを頼む予定だ。コンテストの一等賞金は 50 ドルである。もし受賞したら，彼は何冊か本を買うつもりだ。
質問：ジョシュは彼の先生に何を頼むつもりか。

76. take over

1　コンテストのための主題を提案すること。
2　彼にいくらかのお金を貸すこと。
3　彼に詩の本を買うこと。
4　**彼が詩を選ぶのを手伝うこと。**

解説　第4文に「送る詩が決められない」とあり，次の文に「先生のアドバイスを求める予定だ」とある。この2つの文の内容から，先生に詩を選ぶのを手伝ってもらうつもりだと分かる。enter は「(競技など)に参加する」という意味。

No. 15　49　　解答 **2**

放送文

Mary usually visits her grandmother every Sunday. At her grandmother's house, Mary helps her cook lunch. After lunch they sit in the garden and talk. Mary has learned a lot of recipes in this way. Sometimes, she makes the same dishes for her own family. They always say how good they taste. Mary is thinking of working in a restaurant when she grows up.
Question: What does Mary do at her grandmother's house?

訳

メアリーは，たいてい毎週日曜日に祖母を訪ねる。祖母の家で，メアリーは祖母が昼食を料理するのを手伝う。昼食後，2人は庭に座って話をする。このようにしてメアリーは多くの調理法を学んだ。時々，彼女は自分の家族のために同じ料理を作る。彼らはいつも，その料理がとてもおいしいと言う。メアリーは大人になったらレストランで働くことを考えている。
質問：メアリーは祖母の家で何をするか。
1　彼女は，祖母に過去の話をするよう求める。
2　**彼女は新しい料理の作り方を学ぶ。**
3　彼女は，祖母が庭の世話をするのを手伝う。
4　彼女は，祖母のために家事をする。

解説　第4文から正解が分かる。同文中にある in this way は，それまでの文にある祖母の家での過ごし方を指している。recipe は「調理法，レシピ」の意味。

リスニング 第2部　英文の内容一致選択
アナウンス，文系・理系トピック

英文を聞き，その質問に対して最も適切なものを一つ選びなさい。

No. 1
1. It was used to send signals.
2. It cost little to build.
3. It is not very tall.
4. It had no practical use originally.

No. 2
1. From a British army club.
2. From a town in India.
3. From a lord's house.
4. From a famous old school.

No. 3
1. People find it hard to communicate there.
2. Many people there speak three languages.
3. Most Maltese people have moved to Italy.
4. The population are forgetting Maltese.

No. 4
1. People have stopped putting meat in them.
2. People have started eating them at Christmas.
3. People have begun cooking them at home.
4. People have started adding sugar to them.

No. 5
1. Foreign companies stole the design.
2. The Swiss army stopped using the knives.
3. A screwdriver was added to the knife.
4. Ordinary people began to buy the knives.

77. bring up

No. 6
1. They do not contain any wheat.
2. They were unpopular at first.
3. They were invented by accident.
4. They were created by a big company.

No. 7
1. It is very old.
2. It is made of wood.
3. It is very valuable.
4. It is fashionable.

No. 8
1. At a gift shop.
2. At a furniture store.
3. In a fast-food restaurant.
4. In a hotel.

No. 9
1. A suitcase has been found.
2. An accident has happened.
3. A train is about to leave.
4. An information counter has opened.

No. 10
1. The zoo will close early today.
2. Visitors can feed the penguins.
3. Camel rides have been cancelled.
4. A hippo has recently been born.

No. 11
1. The principal will address the whole school.
2. A special lunch will be held.
3. A police officer will give a talk.
4. The school will have a party.

No. 12
1. A kind of medicine.
2. A very strong glue.
3. A new plastic.
4. A material for furniture.

No. 13
1. Male monkeys dislike red.
2. Female monkeys like pink.
3. Baby girl monkeys look pink.
4. Baby monkeys prefer blue.

No. 14
1. They do not need to breathe.
2. They often live underwater.
3. Their noses have become longer.
4. They are descended from sea creatures.

No. 15
1. Spider webs can kill germs.
2. Spider webs are very strong.
3. Spider webs protect spiders.
4. Spider webs exist in most countries.

No. 1 ⓞ 51   解答 **4**

放送文

The Eiffel Tower in Paris is one of the most famous landmarks in the world. But <u>what was it built for?</u> The answer is surprising. <u>It was not built for any practical purpose.</u> The only aim was to be the tallest tower in the world. Later, however, after radio was invented, it became useful for sending radio signals.
Question: What is surprising about the Eiffel Tower?

訳

パリのエッフェル塔は，世界で最も有名な歴史的建造物の1つである。しかし，それは何のために造られたのか。その答えは意外なものである。それは実用的な目的のために建設されたのではなかった。唯一の目的は，世界で最も高い塔にすることであった。しかし，後に無線通信が発明されてからは，それは無線通信の信号を送るのに役立つようになった。
質問：エッフェル塔について意外なこととは何か。
 1 それは信号を送るために使用された。
 2 それは建設費用がほとんどかからなかった。
 3 それはあまり高くはない。
 4 それには本来，実用的な用途はなかった。

解説 第2文で what ... for? と目的を尋ねる質問が聞こえたら，その答えを注意して聞こう。第4文でその質問に対する回答があり，ここから正解が分かる。

No. 2 ⓞ 52   解答 **3**

放送文

Britain is the home of many popular sports. One of these is badminton. Badminton was first played about 250 years ago by British soldiers in India. When they retired, they took the game back to Britain. <u>The game got its name, though, from a building in England called Badminton House. This was the home of an English lord who loved the game.</u>
Question: Where did the sport of badminton get its name?

訳

英国は，多くの人気のあるスポーツの発祥地である。このうちの1つが，バドミントンである。バドミントンはおよそ250年前，インドにいたイギリス兵によって初めてプレーされた。彼らは退役した時，そのゲームを英国に持ち帰った。しかしこのゲームは，バドミントンハウスと呼ばれるイングランドにある建物から，その名前を得た。ここはこのゲームを愛した英国貴族の住居だったのである。
質問：スポーツのバドミントンは，どこからその名前を得たのか。
 1 英国陸軍クラブから。
 2 インドの町から。

78．〜を参照する

3　貴族の家から。
4　有名な歴史の長い学校から。

解説　第5文でバドミントンという名前が建物の名前に由来していることが，第6文でその建物は貴族の家だったことが述べられており，この2つの文から正解が分かる。

No. 3　⊚ 53　　　　　　　　　　　　　　　解答　2

放送文

There is a small group of islands in the Mediterranean Sea called Malta. Although they are very small, the islands have their own language called Maltese. This language came from Arabic, but most of its vocabulary is Italian. It is considered very difficult for foreigners to learn. In fact, most Maltese speak English and Italian as well. Malta is said to be the most multilingual country in Europe.

Question: What is one thing we learn about Malta?

訳

マルタと呼ばれる小規模の群島が地中海にある。その島々はとても小さいものの，マルタ語と呼ばれる独自の言語を持っている。この言語はアラビア語に由来しているが，その語彙の大部分はイタリア語である。外国人がこの言語を学ぶのはとても難しいと考えられている。実際のところ，大部分のマルタ人は，英語とイタリア語も話す。マルタは，ヨーロッパで最も多数の言語が使用されている国だと言われている。

質問：マルタについて分かる1つのことは何か。
1　人々はそこでは理解し合うのが難しいことに気付く。
2　そこの多くの人々が3つの言語を話す。
3　大部分のマルタ人はイタリアへ移動した。
4　住民はマルタ語を忘れつつある。

解説　第2文でマルタの言語がマルタ語であることが，そして第5文で住民の大部分が英語とイタリア語も話すことが述べられている。この2つの情報から，マルタの住民の多くが3つの言語を話すことが分かる。**4**の the population は集合的に「住民」の意味。

No. 4 ⊙ 54　　　　　　　　　　　　　　　　　　　解答 １

放送文

One traditional dish in England is Christmas pudding. This pudding is made of fruit and sugar and eaten after Christmas lunch. Although it is a very old dish, it changed about 300 years ago. Until then, people put meat such as beef in the pudding, because the sugar kept it fresh. When people found other ways to keep meat fresh, they stopped putting it in.
Question: How have Christmas puddings changed?

訳

イングランドの伝統的な１つの料理に，クリスマス・プディングがある。このプディングは果物と砂糖でできていて，クリスマスの昼食後に食べるものである。それはとても昔からある料理なのだが，およそ 300 年前に変化があった。その当時までは，砂糖が肉を新鮮に保つので，牛肉のような肉をプディングに入れていた。肉を新鮮に保つ別の方法が発見された時，肉を入れるのをやめたのである。
質問：クリスマス・プディングはどのように変化したのか。
　1 人々はそれらの中に肉を入れるのをやめた。
　2 人々はそれらをクリスマスに食べ始めた。
　3 人々はそれらを自宅で料理し始めた。
　4 人々はそれらに砂糖を加え始めた。

解説　第３文の it changed about 300 years ago が聞こえたら，その後で，具体的にどのような変化があったのかについて説明されることを予測して，集中して聞き取ろう。続く第４～５文から正解が分かる。

No. 5 ⊙ 55　　　　　　　　　　　　　　　　　　　解答 ４

放送文

Many people own Swiss Army Knives, a small knife with a blade, screwdriver and other useful attachments. These knives were originally made for the Swiss army in 1891. After World War Two, however, they became popular with ordinary people. They are still made for the Swiss army, but most of them are made for sale in stores. Every year, about 7 million of the knives are sold.
Question: What happened to the knives after World War Two?

訳

多くの人々がスイス・アーミー・ナイフを持っている。それは刃やねじ回し，そのほかの役立つ付属品が付いた小型のナイフである。これらのナイフはもともと，1891 年にスイス軍のために製造された。しかし第二次世界大戦後，それらは一般の人々の間で人気が出た。それらはいまだにスイス軍のためにも製造されているが，ほとんどは店で売られるために作られている。毎年，およそ 700 万本のナイフが販売されている。

質問：第二次世界大戦後，そのナイフに何が起こったのか。
1　外国の会社がそのデザインを盗んだ。
2　スイス軍はそのナイフを使うのをやめた。
3　ねじ回しがそのナイフに加えられた。
4　一般の人々がそのナイフを買い始めた。

解説　After World War Two で始まる第3文から正解が分かる。〔放送文〕they(=the knives) became popular with ordinary people → 〔選択肢〕Ordinary people began to buy the knives. という言い換えに注意。リスニングでは，時間表現とその時に起こったことを正確に結びつけながら聞くようにしよう。

No. 6　⊙ 56　　解答 3

放送文

Cornflakes are a popular breakfast food. These were originally made by a doctor called John Kellogg to give to his patients. One day, he was trying to make some bread. By chance, he left the wheat overnight, and the next day he found it had turned into flakes. He toasted these and they were so popular with his patients that he began to sell them to the public.
Question: What do we learn about cornflakes?

訳

コーンフレークは，人気がある朝食用の食品である。これらはもともと，ジョン・ケロッグという名の医者が自分の患者に与えるために作ったものである。ある日，彼はパンを作ろうとしていた。たまたま彼は小麦を一晩置いたままにしていて，その翌日，それがフレークに変わっていたのを見つけた。彼がこれを焼いたところ，自分の患者にとても人気があったので，それを一般の人に向けて売り始めたのだ。
質問：コーンフレークについて何が分かるか。
1　それらには小麦が全く含まれていない。
2　それらは最初のうちは人気がなかった。
3　それらは偶然考え出された。
4　それらは大手の会社によって考案された。

解説　第4文から正解が分かる。同文の by chance と正解選択肢の by accident は同義表現で，「偶然に」という意味。

80. carry out

No. 7　解答 1

放送文

Welcome to the Southfield Doll Museum. In this museum we have collected unusual dolls from around the world. Our oldest doll is from ancient Egypt and is more than 2000 years old. We also have dolls from China and Japan, as well as many fashionable modern dolls. We also sell new dolls and books about dolls in our gift shop.
Question: What is special about the Egyptian doll?

訳

サウスフィールド人形博物館にようこそ。この博物館には，世界中から珍しい人形が集められています。当館で最も古い人形は，2000年以上前の古代エジプトのものです。当館には，流行しているたくさんの現代の人形はもちろん，中国や日本の人形もございます。また，当館のお土産店では，新品の人形や人形についての本も販売しております。
質問： エジプトの人形の特筆すべきことは何か。
　1　それはとても古い。
　2　それは木製である。
　3　それはとても価値がある。
　4　それは流行している。

解説　第3文から正解が分かる。放送文では more than 2000 years old「2000年以上（前のもの）」という表現が，選択肢では very old「とても古い」と大まかな表現に言い換えられている。数種類の人形についての説明があるので，情報を混同しないように注意しよう。

No. 8　解答 2

放送文

Good morning and thank you for shopping at Pricerights. In order to celebrate our 10th anniversary, we will be offering fantastic discounts all this week. In our sofa department, all sofas and armchairs have been reduced by 50 percent. On the first floor we have great reductions on all beds. And remember, all customers can get a free cup of coffee. Just ask one of our staff members.
Question: Where is this announcement being made?

訳

おはようございます。プライスライツでお買い物いただきありがとうございます。当店の10周年を記念して，今週いっぱいは，大幅な割引を提供しております。ソファー売り場では，すべてのソファーとひじ掛けいすが50パーセント引きになっています。1階では，すべてのベッドが大幅に割引されています。そして，すべてのお客様にコーヒー1杯を無料でご提供しておりますので，お忘れなさいませんように。当店のスタッフにお気軽に

80. ～を実行する

お申し付けください。
質問：この放送はどこでされているのか。
  1　ギフトショップで。
  2　**家具店で。**
  3　ファストフード店で。
  4　ホテルで。

解説　冒頭の文の thank you for shopping の部分で，何かの販売店での放送だと分かる。第3文，第4文中にある，sofa (department), sofas, armchairs, beds といった語から，場所は家具店であると推定できる。

No. 9　○ 59　　　　　　　　　　　　　　　　　　　　　解答 **1**

放送文

May I have your attention, please? Will the owner of a black suitcase left at the entrance to Platform 3 please make him or herself known. Please go immediately to the Information Counter located at the main ticket office. Please remember not to leave baggage unattended at any time. Any unattended luggage may be removed and destroyed in the interests of safety.
Question: Why is this announcement being made?

訳

お知らせいたします。3番ホームへの入口に黒いスーツケースをお忘れになった方は，どうかお申し出ください。いますぐメインの切符売り場にあるインフォメーション・カウンターにお越しください。どんな時にも，お手荷物から目を離さないようにお気をつけください。放置された手荷物は，保安上の理由で移動したり壊されたりすることがあります。
質問：なぜこの放送がされているのか。
  1　**スーツケースが見つかった。**
  2　事故が起こった。
  3　列車が出発しようとしている。
  4　インフォメーション・カウンターが開いた。

解説　冒頭の May I have your attention, please? が聞こえたら，直後に放送の主題が述べられることが予測されるので集中しよう。第2文は少し分かりにくい表現だが，suitcase left at the entrance … の部分から，スーツケースが置き忘れられていたと判断できる。

81. come up with

No. 10　解答 **4**

放送文

Thank you for visiting the City Zoo. Let me remind you of some of the attractions available today. At 10:30 there will be the feeding of the penguins. At 12:00 our new baby hippo will go on show to the public for the first time. Camel rides will be available all day near the entrance. Please remember not to feed the animals.

Question: What is one thing we learn from the announcement?

訳

市立動物園にご来場いただき，ありがとうございます。本日開催のアトラクションをお知らせいたします。10時30分に，ペンギンへの餌やりがございます。12時には，当園の生まれたばかりのカバの赤ちゃんが，初めて披露されます。入り口の近くでは一日中いつでも，ラクダに乗ることができます。動物には餌を与えないようお願い申し上げます。

質問： 放送から分かる1つのことは何か。
1. 今日，動物園は早く閉園する。
2. 来場客はペンギンに餌をやることができる。
3. ラクダに乗ることは中止された。
4. **カバが最近生まれた。**

解説　第4文の our new baby hippo の部分から，**4** A hippo has recently been born. ということが分かる。**2**，**3** のペンギンやラクダも放送文に出てくるが，放送文の内容と違うので惑わされないようにしよう。

No. 11　解答 **3**

放送文

This is your school principal. Remember that this afternoon a special lecture for the whole school will be held. The lecture will be on the topic of traffic safety and will be given by a member of the local police. Because the lecture begins at 1:00, lunch will start 30 minutes early today. Please be sure to gather at the school hall on time.

Question: What will happen at 1:00?

訳

校長です。今日の午後，全校対象の特別講演が開催されるのを忘れないでください。講演の話題は交通安全についてで，地元の警察官によって行われます。講演は1時に始まりますので，本日，昼食は30分早く始まります。必ず時間通りに，学校の講堂に集まるようにしてください。

質問： 1時に何が起こるのか。
1. 校長が全校生徒に講演する。

81. 〜を思いつく

2 特別な昼食会が開催される。
3 警察官が話をする。
4 学校でパーティーが催される。

解説 第3文から，講演が警察官によるものであることが，第4文から，その講演が1時に始まることがそれぞれ分かる。この2つの文から正解は **3**。〔放送文〕The lecture ... will be given by a member of the local police. →〔選択肢〕A police officer will give a talk. という言い換えに注意。

No. 12　62　解答 3

放送文
Superglue is the name given to a very powerful glue. Like many inventions, superglue was discovered by chance. An American scientist, Harry Coover, was trying to create a new type of clear plastic. The material did not work and he put it away for 6 years. Then he took it out and noticed that it could hold things together. Later the glue was also used to stop people bleeding from wounds.
Question: What was Harry Coover originally trying to make?

訳
瞬間接着剤は，とても強力な接着剤につけられた名前である。多くの発明品同様，瞬間接着剤は偶然に発見された。アメリカの科学者，ハリー・クーバーは，新しいタイプの透明なプラスチックを作ろうとしていた。材料は有効ではなく，彼は6年間それをしまい込んでいた。それから，彼はそれを取り出して，それが物をくっつけることができることに気付いた。後に，この接着剤は人々の傷からの出血を止めるためにも使用された。
質問：ハリー・クーバーは元々，何を作ろうとしていたのか。
1 ある種の薬。
2 とても強力な接着剤。
3 新しいプラスチック。
4 家具の材料。

解説 第3文から正解が分かる。前文の superglue was discovered by chance「瞬間接着剤は偶然に発見された」という表現が，実は別のものを開発中だったことを暗示している。

82. up to

No. 13　63　　解答 2

放送文

Today, baby boys are usually dressed in blue and girls in pink. But why are these colors used? Research on color preferences suggests that answer may be biological. Tests on monkeys show females prefer pink and red. The same is true of American women. American men, however, strongly prefer blue and green. The reason why these differences exist is still not known.

Question: What have tests on monkeys shown?

訳

今日，男の赤ちゃんはたいてい青い服を，女の赤ちゃんはピンクを着せられている。しかし，なぜこれらの色が使用されるのか。色の好みに関する研究では，その答えは生物学的なものであるらしいことが示唆されている。サルに対する実験では，雌はピンクと赤を好むことが明らかになっている。これはアメリカ人女性でも同じである。しかしアメリカ人男性は，青と緑を特に好む。これらの違いが存在する理由は，いまだに分かっていない。

質問：サルの実験では，何が明らかになっているか。
 1　雄ザルは赤を嫌う。
 2　雌ザルはピンクを好む。
 3　赤ちゃんの雌ザルはピンクに見える。
 4　赤ちゃんのサルは青を好む。

解説　第4文から正解が分かる。雄ザルや赤ちゃんのサルに関する言及はないので，1，3，4に引っ掛からないよう注意。

No. 14　64　　解答 4

放送文

Why do elephants have such long noses? A recent theory is that their ancestors used to live in the sea. The long noses allowed them to breathe even when they were underwater. In support of this, scientists point to the fact that elephants are closely related to dugongs, large mammals that live in the sea. They also point out that even today elephants can swim well.

Question: What do scientists believe about elephants?

訳

なぜゾウの鼻はこれほど長いのか。最近の学説は，彼らの祖先がかつて海に生息していたというものである。たとえ彼らは水中にいても，長い鼻のおかげで呼吸が可能になった。この説を裏付けるものとして，海に生息している大きな哺乳類であるジュゴンとゾウは近縁関係にあるという事実を，科学者たちは指摘する。また，現在においてでも，ゾウは泳ぐのが上手だと，彼らは指摘する。

質問：科学者たちは，ゾウについて何を信じているか。

82. ～次第で

1 彼らは呼吸する必要がない。
2 彼らはしばしば水中に生息している。
3 彼らの鼻はより長くなった。
4 彼らは海の生物の子孫である。

解説 第2文から正解が分かる。〔放送文〕their ancestors used to live in the sea「彼らの祖先はかつて海に生息していた」→〔選択肢〕They are descended from sea creatures.「彼らは海の生物の子孫である」と別の視点からの言い換えになっている。be descended from は「～の子孫である」の意味。

No. 15　65

解答　**1**

放送文
Spider webs are known for their great strength. Recently, though, one scientist has suggested they may have another potential—curing injuries. Randolph Lewis, a chemist, says that many cultures have used the webs as bandages. He believes that they may contain chemicals that kill germs. He is planning to carry out tests to see if he can prove this.
Question: What does Randolph Lewis hope to show?

訳
クモの巣は，たいへん強度があることで知られている。しかし最近，ある科学者が，クモの巣には別の可能性，すなわち傷を治療する力があるかもしれないと示唆した。化学者のランドルフ・ルイスは，多くの文化においてクモの巣が包帯として使用されてきたと述べている。彼は，クモの巣が細菌を殺す化学物質を含んでいる可能性があると考えている。彼はこれを立証できるかどうか，テストを実行する計画を立てているところだ。
質問：ランドルフ・ルイスは，何を証明することを望んでいるか。
1 クモの巣は細菌を殺すことができる。
2 クモの巣はとても強力である。
3 クモの巣はクモを保護する。
4 クモの巣は大部分の国に存在する。

解説 第4文で，ランドルフ・ルイスが **1** の Spider webs can kill germs. の可能性を信じていること，続く第5文で，それを証明するためにテストを行う計画であることが述べられている。

ひとやすみ。

ふうう〜。

二次試験

面接

二次試験・面接の流れ	218
合格のポイント	220
練習問題①	222
練習問題②	226

二次試験・面接の流れ

一次試験に合格すると，二次試験の面接があります。
以下の流れをしっかり頭に入れて，準備しておきましょう！

❶ 入室とあいさつ

★…面接委員　☆…受験者

係員の指示に従い，面接室に入ります。あいさつをしてから，面接委員に面接カード（試験前に受験番号や名前などを記入するカード）を手渡し，指示に従って着席しましょう。

☆：Hello.
★：Hello.　May I have your card?
☆：Here you are.（面接カードを手渡す）
★：Please have a seat.
☆：Thank you.（着席）

❷ 名前と受験級の確認

面接委員があなたの氏名と受験する級の確認をします。その後，簡単なあいさつをしてから試験開始です。

★：May I have your name, please?
☆：My name is Hanako Obun.
★：This is the Grade 2 test.　OK?
☆：OK.
★：How are you today?
☆：I'm fine, thank you.

❸ 問題カードの黙読

英文とイラストが印刷された問題カードを手渡されます。まず，英文を20秒で黙読するよう指示されます。英文の分量は60語程度です。

★：Now, let's begin the test.　Here's your card.
☆：Thank you.
★：First, please read the passage silently for 20 seconds.
☆：All right.（黙読開始）

❹ 問題カードの音読

問題カードの英文を音読するように指示されるので、タイトルから読みましょう。時間制限はないので、意味のまとまりごとにポーズをとり、焦らずにゆっくりと読みましょう。

★ : Now, please read the passage aloud.
☆ : OK.（タイトルから音読開始）

❺ 4つの質問

音読の後、面接委員の4つの質問に答えます。No. 1・2は問題カードの英文とイラストについての質問です。No. 3・4は受験者自身の意見を問う質問です。No. 2の質問の後、カードを裏返すように指示されるので、No. 3・4は面接委員を見ながら話しましょう。

★ : Now, I'm going to ask you 4 questions.
☆ : Yes.

❻ カードの返却と退室

試験が終了したら、問題カードを面接委員に返却し、あいさつをして退室しましょう。

★ : Well, that's all.　Could I have the card back, please?
☆ : Here you are.
★ : Thank you. You may leave now.
☆ : Thank you.　Goodbye.
★ : Goodbye.

二次試験　面接
合格のポイント

どんな問題？

問題カードを見ながら行うスピーキングテストで，面接の時間は約7分です。問題カードには，「短いパッセージ」「パッセージのテーマに関連したイラスト」「イラストの内容を描写する質問 (No. 2) で使用する文」が書かれています。

A New Way to Help Others

Jogging has become a popular activity with people of all generations. Many joggers also participate in long-distance races. Nowadays, people who plan these events are using them to help others. For example, they organize races that raise money for charity. Joggers take part in such races, and by doing so they can keep themselves healthy and help others at the same time.

Your story should begin with this sentence: **One day, Yuki and Ken saw a lot of garbage while jogging on the beach.**

(2015年度第2回検定より)

応答内容，発音，語彙，文法，語法，情報量，積極的にコミュニケーションを図ろうとする意欲や態度などの観点から評価されます。面接の流れは p.218〜219 で確認しましょう。

〈試験の内容〉
問題カードのパッセージの黙読→問題カードのパッセージの音読
- **No. 1** パッセージについての質問：音読したパッセージの内容についての質問に答えます。
- **No. 2** イラストについての質問：3コマのイラストを描写します。
- **No. 3** 受験者の意見を問う質問：問題カードのトピックに関連した内容についての質問に答えます。
- **No. 4** 受験者の意見を問う質問：問題カードのトピックとは関連のない内容についての質問に答えます。

Questions

No. 1 According to the passage, how can joggers keep themselves healthy and help others at the same time?

No. 2 Now, please look at the picture and describe the situation. You have 20 seconds to prepare. Your story should begin with the sentence on the card. *<20 seconds>*
Please begin.
Now, Mr. / Ms. ——, please turn over the card and put it down.

No. 3 Some people say that people today spend too much money on health supplements such as vitamins. What do you think about that?

No. 4 These days, many elementary schools tell their students not to bring cell phones to school. Do you think this is a good idea?
Yes. → Why?　　No. → Why not?

※質問は問題カードには掲載されていません。

🔔 試験時の注意

〈黙読・音読〉
20秒の黙読時間にパッセージの最後まできちんと目を通しておきましょう。音読はタイトルを忘れずに，意味の区切りに注意して，大きな声で読みましょう。

No. 1
質問は How ～? か Why ～? の形で問われることがほとんどです。How ～? で問われた質問に対しては，By ～，Why ～? で問われた質問に対しては Because ～ の形でそれぞれ答えるのが基本です。

No. 2
各コマの状況，登場人物の心理，吹き出し中のせりふをそれぞれ2文ずつで答えます。1コマ目の説明は問題カードに書かれた文で始めましょう。2コマ目と3コマ目の説明は，イラストの矢印内にある時間や場所を表す表現で始めましょう。

No. 3
質問に対して，同意か不同意か (I agree. / I disagree.) を答えた後，その理由や説明を2文程度で述べましょう。

No. 4
（最近の）ある事柄の傾向などを，Yes. / No. で答えられる質問で尋ねられます。続いて，Why? / Why not? (Please explain.) と尋ねられるのでその理由を答えましょう。

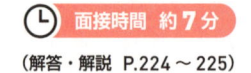

Lack of Doctors and Nurses

These days, the lack of doctors and nurses is getting to be more and more serious in Japan. Because of this problem, some people cannot receive emergency medical care and even lose their lives, and many doctors and nurses are overworked and exhausted. Therefore, efforts are being made to help increase their number. For example, medical colleges are increasing the number of their students.

Your story should begin with this sentence:
One day in the hospital, Mr. Yamamoto was talking with a nurse.

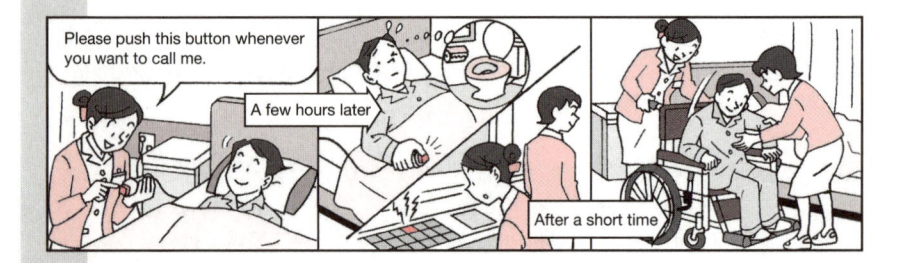

Questions

No. 1 According to the passage, why are medical colleges increasing the number of their students?

No. 2 Now, please look at the picture and describe the situation. You have 20 seconds to prepare. Your story should begin with the sentence on the card.

< 20 seconds >

Please begin.

Now, Mr. / Ms. ——, please turn over the card and put it down.

No. 3 Some people say that doctors give too many types of medicine to their patients. What do you think about that?

No. 4 Today, some schools tell their students not to bring cell phones to school. Do you think it is a good idea?

Yes. → Why?
No. → Why not?

医師と看護師の不足

最近日本では，医師と看護師の不足がますます深刻になってきている。この問題のため，救急医療を受けることができない人や，命を失う人さえもいる。また，多くの医師と看護師は働き過ぎて疲れ切っている。従って，その数を増やすための努力がなされている。例えば，医科大学は学生の数を増やしている。

No. 1 文章によれば，なぜ医科大学は学生の数を増やしているのですか。

No. 2 では，絵を見てその状況を説明してください。20秒間，準備する時間があります。
話はカードに書いてある文で始めてください。
〈20秒後〉始めてください。
では，～さん（受験生の氏名），カードを裏返して置いてください。

No. 3 医師は患者に多くの種類の薬を与え過ぎだと言う人もいます。あなたはそのことについてどう思いますか。

No. 4 今日，学校に携帯電話を持って来ないよう生徒に指導する学校もあります。それは良い考えだと，あなたは思いますか。
はい。→ なぜですか。　いいえ。→ なぜですか。

解答例・解説　◎ 66~70

No. 1 (Because) they want to help increase the number of doctors and nurses.
「(なぜなら) 彼らは医師と看護師の数を増やしたいからです」

解説 第4文が質問文中の表現を含んでいる。第4文の理由に当たる第3文から答えが分かる。their number を the number of doctors and nurses と具体的に答えることがポイント。単に To help increase the number of doctors and nurses. と答えてもよい。

No. 2 **One day in the hospital, Mr. Yamamoto was talking with a nurse.** The nurse said to him, "Please push this button whenever you want to call me." A few hours later, Mr. Yamamoto pushed the button because he wanted to go to the bathroom. The nurse noticed the call for help. After a short time, the nurse brought a wheelchair. Another nurse helped Mr. Yamamoto into a wheelchair.

「ある日病院で，ヤマモトさんは看護師と話をしていました。『私を呼びたい時は，いつでもこのボタンを押してくださいね』とその看護師は彼に言いました。数時間後，ヤマモトさんはトイレに行きたかったので，ボタンを押しました。看護師は助

けを求める呼び出し音に気付きました。ほどなくして，看護師は車いすを持って来ました。もう1人の看護師は，ヤマモトさんが車いすに乗るのを手伝いました」

解説 各コマの描写ポイントは次の通り。(1) 看護師が『私を呼びたい時は，いつでもこのボタンを押してくださいね』と言った。(2) ヤマモトさんがトイレに行きたくて，ボタンを押した。／看護師がその呼び出し音に気付いた。(3) 看護師が車いすを持ってきた。／ヤマモトさんが車いすに乗るのをもう1人の看護師が手伝った。各コマの状況・心理描写・吹き出し中のせりふなどをそれぞれ2文程度でまとめる。各コマの説明は矢印内の表現で始めよう。

No. 3

●**同意する場合**　I agree. I think some kinds of medicine are unnecessary. We are paying money for something that we don't really need.

「私もそう思います。それらの薬の何種類かは不必要だと思います。私たちはあまり必要がない物にお金を払っています」

●**同意しない場合**　I disagree. Doctors don't give medicine without a reason. I don't think it is good to stop taking medicine without the doctor's instructions.

「私はそうは思いません。医師は理由もなく薬を与えません。医師の指示がないのに薬を服用することをやめるのは良くないと思います」

解説 最初に「同意する」「同意しない」のどちらの立場なのかを述べた後，2文程度でその理由を説明する。解答例のように，同意の場合は「不要な薬もあると思う」→「薬代が無駄だ」，不同意の場合は「医者は無駄な薬を出さない」→「飲むのをやめるべきではない」と述べるのが答えやすいだろう。

No. 4

● **Yes. → Why? の場合**　Students play with cell phones and can't concentrate on studying. Also, noisy cell phones disturb other students in class.

「学生は携帯電話で遊んでしまい，勉強に集中できません。また，うるさい携帯電話は，授業中ほかの生徒の邪魔になります」

● **No. → Why not? の場合**　Students need cell phones to contact their parents after school. Teachers just need to tell the students not to use a cell phone during class.

「学生たちは放課後，親と連絡を取るのに携帯電話が必要です。授業の間は携帯電話を使用しないよう，先生が学生に言えばいいだけだと思います」

解説 「はい」の場合は，携帯電話が学校生活でどんな弊害をもたらすのかを述べるとよい。「いいえ」の場合は，携帯が必要である理由と，授業での迷惑防止のためにどうすればよいかを述べるとよいだろう。

84. to the point

Eco-car

These days, more and more people are buying ecologically-friendly cars. The best selling type of eco-car is a hybrid car, but electric cars are also becoming popular. However, eco-cars can be dangerous to pedestrians because they are too quiet. Therefore eco-car manufacturers are developing sound making devices. They will install these devices so that people can hear the cars coming.

Your story should begin with this sentence:
One day, Mr. and Mrs. Ito were talking about buying a new car.

- Let's go to a car dealer and look at some cars.
- The next Saturday, at the car dealer
- The next day

84. 的を射た

Questions

No. 1 According to the passage, how can eco-car manufacturers make sure pedestrians hear the cars coming?

No. 2 Now, please look at the picture and describe the situation. You have 20 seconds to prepare. Your story should begin with the sentence on the card.

< 20 seconds >

Please begin.

Now, Mr. / Ms. ——, please turn over the card and put it down.

No. 3 Some people say that we should use more public transportation such as buses and trains. What do you think about that?

No. 4 These days more and more people are buying books from stores on the Internet or downloading electronic books. Do you think traditional bookstores will disappear in the future?

Yes. → Why?
No. → Why not?

> **エコカー**
>
> 最近，ますます多くの人々が，環境に優しい車を買っている。一番よく売れているタイプのエコカーはハイブリッドカーだが，電気自動車も人気が出てきている。しかし，エコカーは静か過ぎるので，歩行者にとって危険になる可能性がある。そのために，エコカーの製造業者は，音を出す装置を開発している。この装置を取り付けることで，人々は車が近づいている音を耳にすることができるのだ。

No. 1 文章によれば，エコカーの製造業者はどのようにして，歩行者に車が接近するのを確実に聞こえるようにできますか。

No. 2 では，絵を見てその状況を説明してください。20秒間，準備する時間があります。話はカードに書いてある文で始めてください。
〈20秒後〉始めてください。
では，～さん（受験生の氏名），カードを裏返して置いてください。

No. 3 バスや電車などの公共交通機関をもっと利用するべきだと言う人もいます。あなたはそのことについてどう思いますか。

No. 4 最近ますます多くの人々がインターネット書店から本を買い，電子書籍をダウンロードしています。将来，従来の書店はなくなってしまうと，あなたは思いますか。
はい。→ なぜですか。　いいえ。→ なぜですか。

解答例・解説　🔊 71~75

No. 1 **By installing sound making devices.**
「音を出す装置を取り付けることによって」

解説　最後の文から正解が分かる。How を用いた「方法」を問う質問に対しては，By -ing の形で答えよう。また，同文では these devices としか書かれていないので，前文を参照し，sound making devices と具体的な表現にしよう。

No. 2 **One day, Mr. and Mrs. Ito were talking about buying a new car.**
Mr. Ito said to his wife, "Let's go to a car dealer and look at some cars." The next Saturday, at the car dealer, Mr. Ito was listening to the salesperson explaining about the cars. Mrs. Ito was worried about the price of gasoline. The next day, they went to a bicycle store. Mrs. Ito thought that they could save money on gasoline.
「ある日，イトウ夫妻は新車を買うことについて話していました。『自動車販売店に行って，車を見てこよう』とイトウ氏は妻に言いました。次の土曜日，自動車の販

85. 使用中で

売店で，イトウ氏は，車について説明する販売員の話を聞いていました。イトウ夫人は，ガソリンの価格について心配していました。翌日，2人は自転車店に行きました。イトウ夫人は，ガソリンにかかるお金を節約できると思いました」

解説 各コマの描写ポイントは次の通り。(1) 夫が妻に『自動車販売店へ車を見に行こう』と言った。(2) 夫は販売員から車の説明を受けている。／妻はガソリン代の心配をしている。(3) 夫妻は自転車店に行った。／妻はガソリン代の心配がなくなったと思った。各コマの状況・心理描写・吹き出し中のせりふなどをそれぞれ2文程度でまとめる。各コマの説明は矢印内の表現で始めよう。

No. 3

●**同意する場合** I agree. By using public transportation, we can reduce the use of gasoline. Also, the air will be cleaner.

「私もそう思います。公共交通機関を使用することで，私たちはガソリンの使用量を減らすことができます。また，空気もきれいになります」

●**同意しない場合** I disagree. There is not enough public transportation in the countryside. People there can't go anywhere without using a car.

「私はそうは思いません。田舎には十分な公共交通機関がありません。そこに住む人々は，車を使わなければどこにも行けません」

解説 「同意する」「同意しない」どちらの立場なのかを述べてから，2文程度でその理由を説明する。同意の場合は公共交通機関を使うことのメリットを具体的に説明する。不同意の場合は，車を使わないことの不便さを具体的に説明する。

No. 4

●**Yes. → Why? の場合** More books are available on the Internet than in any bookstore. Also, you can find the book you want very quickly.

「どの書店よりも多くの本が，インターネット上で入手できます。また，欲しい本をとても素早く見つけることができます」

●**No. → Why not? の場合** You don't always know which book to buy. You can look at real books and compare them at a bookstore.

「どの本を買ったらよいかを，いつも分かっているわけではありません。書店では実際の本を見て比較することができます」

解説 「はい」「いいえ」いずれの場合も，それぞれの優れている点を具体的に述べるとよい。例えば，インターネット書店は在庫の種類が多いということ，実際の書店では実物の本を見ることができるなどが挙げられるだろう。また，電子書籍のメリットを挙げるとすれば，Electronic books don't take up space. 「電子書籍は場所をとらない」などが考えられるだろう。

86. in spite of

単語クイズ 解答

1 動詞編 (P.90)

1
- **r** ecommend
- **e** xtend
- **s** eek
- **i** nsist
- **s** upply
- **t** ear

→ **resist**（〜に抵抗する）

2
- **p** articipate
- **r** efuse
- **a** chieve
- **i** dentify
- **s** urvive
- **e** stimate

→ **praise**（〜を褒める）

2 名詞編 (P.140)

1
- **t** endency
- **h** eritage
- **e** motion
- **o** pponent
- **r** eflection
- **y** ard

→ **theory**（学説, 理論）

2
- **l** uxury
- **a** cquaintance
- **c** haracter
- **k** nowledge

→ **lack**（不足）

3
- **o** ption
- **u** nemployment
- **t** hreat
- **c** ontribution
- **o** ccupancy
- **m** inority
- **e** xpression

→ **outcome**（成果）

3 形容詞・副詞編 (P.186)

1
- **v** acant
- **a** ppropriate
- **g** enerous
- **u** nique
- **e** cological

→ **vague**（あいまいな）

2
- **l** egal
- **a** pparent
- **t** echnical
- **t** ypical
- **e** ssential
- **r** egular

→ **latter**（後者の）

3
- **n** eatly
- **e** specially
- **a** lways
- **r** elatively
- **l** imitlessly
- **y** et

→ **nearly**（ほとんど）

86. 〜にもかかわらず

試験がんばってね。

旺文社の英検対策書

試験まで

3ヶ月前なら

定番教材

出題傾向をしっかりつかめる英検対策の「王道」
英検過去6回全問題集
過去問集　1級～5級　★別売CDあり

一次試験から面接まで英検のすべてがわかる！
英検総合対策教本
参考書　1級～5級　★CD付

1ヶ月前なら

効率型

手っ取り早く「出た」問題を知る！
短期完成 英検3回過去問集
過去問集　準1級～5級　★CD付

大問ごとに一次試験を短期集中攻略
DAILY英検集中ゼミ
問題集+参考書　1級～5級　★CD付

二次試験まで完全収録！頻度順だからムダなく学習できる
英検でる順合格問題集
問題集　準1級～3級　★CD付

7日前なら

速攻型

7日間でできる！一次試験対策のための模試タイプ問題集
7日間完成 英検予想問題ドリル
模試　1級～5級　★CD付

単熟語

でる順だから早い・確実・使いやすい！
英検でる順パス単
1級～5級　★無料音声ダウンロード付　★別売「書き覚えノート」あり

単熟語

文章で／イラストで覚えるから記憶に残る！
英検文で絵で覚える単熟語
1級～5級　★CD付

二次試験

DVDで面接のすべてをつかむ！
英検二次試験・面接完全予想問題
1級～3級　★CD・DVD付

このほかにも多数のラインナップを揃えております。

〒162-8680　東京都新宿区横寺町55
お客様総合案内フリーダイヤル0120-326-615
旺文社ホームページ http://www.obunsha.co.jp/

Obunsha　旺文社

英検®2級 でる順BOOK

『英検2級 でる順 合格問題集 [新試験対応版]』別冊

- 試験当日の持ち物や過ごし方, 目標解答時間や解答のポイントが一目でわかる！

- 「単熟語ファイナルチェック」で学習した単熟語を総復習！

- 「面接の流れ」や「二次試験 とっさの一言」など, 二次試験情報も充実！

試験会場まで持って行こう！

「英検」は、公益財団法人日本英語検定協会の登録商標です。

「でる順 BOOK」について

この冊子には試験直前の
最終チェックに役立つ情報をまとめました。
試験会場まで持って行ってご利用ください。

もくじ

試験前，これだけはやっておこう	1
一次試験　当日の過ごし方	2
一次試験　目標解答時間	3
一次試験　解答のポイント	4
単熟語ファイナルチェック	6
二次試験　面接の流れ	14
二次試験　とっさの一言	16

試験前，これだけはやっておこう

● 試験会場までの行き方を確認しておきましょう。

試験会場：

集合時間：

最寄駅：

● 持ち物の準備をしましょう。

📋 持ち物リスト

☐ 受験票

☐ 筆記用具（HBの鉛筆またはシャープペンシル・消しゴム）

☐ （必要な会場は）上履き

☐ 腕時計（アラーム機能なしのもの。携帯電話は×）

☐ 今まで勉強した問題集やノート

☐

☐

☐

もちろん，
この「でる順 BOOK」も忘れずに！

一次試験　当日の過ごし方

● 家で…
▶ きちんと食事をしよう。
▶ 体温調節のしやすい服装にしよう。
▶ 時間に余裕を持って出掛けよう。

● 会場に到着したら…
▶ 受付をして，自分の席を確認しよう。
▶ トイレの場所を確認し，試験前に必ず行っておこう。
▶ 鉛筆の芯が折れていないか確認しよう。
▶ 時間配分をイメージしておこう。
　（→ p.3「一次試験　目標解答時間」も参照しよう）

● 一次試験が終わったら…
▶ 忘れ物をしないように気をつけよう。
▶ 翌月曜日午後から英検ウェブサイト（www.eiken.or.jp）で解答が確認できるので，自己採点しよう。

合否通知は試験の約3週間後に届きます。
合格したら二次試験の対策をしましょう！

一次試験 目標解答時間

各大問の目標解答時間を頭に入れて，試験に臨みましょう。

問題	形式	問題数	目標解答時間
大問1	短文の語句空所補充	20問	12分
大問2	長文の語句空所補充	6問	18分
大問3	長文の内容一致選択	12問	35分
大問4	英作文	1問	20分
合　計			85分

● ポイント

難しい問題があっても考え込みすぎず，一度適当にマークをして次の問題に進み，後で時間が余ったら戻って再度考えるようにしよう。

　筆記試験（85分）の後，リスニングテスト（約25分）があります。解答時間はそれぞれ10秒です。

一次試験 解答のポイント

🖊 筆記

●大問 1　短文の語句空所補充
文の意味から空所に入る語句を選ぶのが基本ですが、空所の前後にある語（句）とのつながりにも注意しましょう。

●大問 2　長文の語句空所補充
文脈をしっかり理解していなければ解けない問題が多いので、しっかりと文章を読んで解くようにしましょう。

●大問 3　長文の内容一致選択
あらかじめ質問と選択肢にざっと目を通して、何が問われるのかをつかんでから文章を読みましょう。[A] Eメールの場合には、ヘッダーにある、発信人、宛先、日付、件名、[B] [C] エッセイの場合には、タイトルにも先に目を通します。
質問は上から段落ごとに問われることがほとんどです。問われている内容に行き当たったら、順番に質問に答えていきましょう。

●大問 4　英作文
与えられた TOPIC に対して「賛成」か「反対」か、自分の意見を明確に示します。意見を支える2つの理由は、POINTS の語句を利用してもしなくてもかまいません。1つの語句や表現を繰り返し使うことを避けて、バリエーションのある英文を作る工夫をしましょう。

🔊 リスニング

第1部，第2部共通のポイント

放送が流れる前に，余裕があれば，問題冊子に印刷された選択肢に目を通しておきましょう。また，誰が，いつ，何をしたのか（何が起こったのか）を混乱しないように，メモをとって整理しながら放送文を聞くようにしましょう。

●第1部　会話の内容一致選択

放送文のなるべく早い段階で，2人の話者の関係（友人・同僚同士，店員と客，知らない人同士など）や状況（電話，対面／店内など）を把握することが，放送文を理解する上で重要になります。

●第2部　英文の内容一致選択

放送文のなるべく早い段階で，英文の種類（アナウンス，ある人物のエピソード，社会的・科学的なトピック）を把握しましょう。時を表す表現や逆接などの接続表現の後に続く内容は，直接問われることも多いので，特に注意が必要です。

単熟語ファイナルチェック

● 動詞

□ abandon	～を捨てる	□ complete	～を完了する
□ abuse	～を悪用する	□ compose	～を作曲する
□ accomplish	～を遂行する	□ conduct	～を実施する
□ achieve	～を達成する	□ confess	～を告白する
□ adjust	～を適合させる	□ conflict	対立する
□ admire	～を賞賛する	□ contribute	～を寄付する
□ admit	～を認める	□ convert	～を改装する，変える
□ amaze	～をびっくりさせる	□ convince	～を納得させる
□ analyze	～を分析する	□ crash	～を砕く
□ annoy	～を悩ませる	□ criticize	～を批判する
□ assert	～を断言する	□ curve	曲がる
□ assist	～を手伝う	□ debate	～を討議する
□ attempt	～を試みる	□ decline	減少する
□ attend	～に出席する	□ dedicate	～を捧げる
□ ban	～を禁止する	□ defend	～を守る
□ calculate	計算する	□ delay	～を延期する
□ cancel	～を中止する	□ delete	～を削除する
□ cheat	～を欺く	□ deliver	～を配達する
□ commit	（罪）を犯す	□ deposit	～を預ける
□ compare	～を比較する	□ deserve	～に値する

☐ determine	〜を決定する	☐ hire	〜を雇う
☐ display	〜を展示する	☐ imply	〜を暗示する
☐ dispose	〜を配置する	☐ impose	〜を課す
☐ distinguish	〜を区別する	☐ indicate	〜を示す
☐ disturb	〜を邪魔する	☐ inherit	〜を受け継ぐ
☐ earn	〜を稼ぐ	☐ instruct	〜に指示する
☐ emphasize	〜を強調する	☐ interpret	〜を翻訳する
☐ encounter	〜に直面する	☐ lecture	〜に講演する
☐ endanger	〜を危険にさらす	☐ limit	〜を制限する
☐ enroll	〜を入会させる	☐ manage	〜を何とか成し遂げる
☐ entertain	〜を楽しませる	☐ modify	〜を修正する
☐ estimate	〜を推定する	☐ negotiate	〜を交渉する
☐ exaggerate	〜を誇張する	☐ observe	〜を観察する
☐ expand	拡大する	☐ obtain	〜を手に入れる
☐ express	〜を表す	☐ occur	起こる
☐ extend	〜を延長する	☐ offer	〜を提供する
☐ fascinate	〜を誘惑する	☐ overcome	〜を克服する
☐ flatter	〜にお世辞を言う	☐ pack	〜を包む
☐ focus	〜を集中させる	☐ participate	参加する
☐ gesture	身振りで示す	☐ persuade	〜を説得する
☐ greet	〜にあいさつする	☐ point	〜を指し示す
☐ guarantee	〜を保証する	☐ postpone	〜を延期する

☐ praise	～を褒める	☐ spoil	～を甘やかす
☐ predict	～を予言する	☐ stretch	手足を伸ばす
☐ present	～を提示する	☐ submit	～を提出する
☐ preserve	～を保護する	☐ substitute	～を代わりにする
☐ prohibit	～を禁止する	☐ succeed	成功する
☐ propose	～を提案する	☐ summarize	～を要約する
☐ protest	～に抗議する	☐ surrender	～を譲り渡す
☐ qualify	～を適任とする	☐ tempt	～を誘惑する
☐ recall	～を思い出す	☐ threaten	～を脅す
☐ recommend	～を薦める	☐ trade	～を売買する
☐ refer	～を差し向ける	☐ transfer	乗り換える
☐ reject	～を断る	☐ treat	～を扱う
☐ release	～を解放する	☐ unite	～を結びつける
☐ represent	～を表す	☐ upset	～をうろたえさせる
☐ resemble	～に似ている	☐ urge	～に促す
☐ reserve	～を予約する	☐ vanish	消える
☐ resist	～に抵抗する	☐ withdraw	（預金）を引き出す
☐ respond	返事をする		
☐ ruin	～を破壊する		
☐ sacrifice	～を犠牲にする		
☐ search	～を捜査する		
☐ settle	落ち着く		

● 名詞

☐ absence	欠席	☐ definition	定義
☐ accent	なまり	☐ delay	遅延
☐ acquaintance	知り合い	☐ deposit	預金
☐ agreement	同意	☐ desire	願望, 欲望
☐ anticipation	期待, 予想	☐ destination	行き先
☐ anxiety	不安	☐ disaster	災害
☐ apology	謝罪	☐ discrimination	差別
☐ appetite	食欲	☐ edition	版
☐ application	願書, 申込書	☐ emotion	感情
☐ approach	やり方	☐ entertainment	娯楽
☐ biography	伝記	☐ evidence	証拠
☐ capacity	収容能力	☐ exhibit	展示品
☐ character	性格	☐ experiment	実験
☐ classification	分類	☐ expression	表現
☐ coincidence	偶然の一致	☐ factor	要素
☐ collapse	破綻	☐ foundation	基礎
☐ conclusion	結論	☐ habit	習慣
☐ conference	会議	☐ hardship	困難
☐ confidence	自信	☐ hesitation	ためらい
☐ content	中身	☐ illusion	幻想
☐ contribution	貢献	☐ illustration	イラスト, 図解
☐ courage	勇気	☐ income	収入

☐ inspiration	霊感	☐ relation	関連
☐ instrument	楽器	☐ relative	親戚
☐ intention	意図	☐ representation	代表
☐ judgment	判定	☐ reward	報酬
☐ lack	欠如	☐ scene	場面
☐ literature	文献, 文学	☐ selection	選択
☐ logic	論理(学)	☐ solution	解決(法)
☐ maintenance	維持	☐ sorrow	悲しみ
☐ mission	任務	☐ statement	声明
☐ monument	記念碑	☐ symptom	症状
☐ motion	動作	☐ target	標的
☐ objection	異議	☐ tax	税金
☐ opponent	対戦相手	☐ tendency	傾向
☐ outcome	成果	☐ theory	理論
☐ passenger	乗客	☐ transportation	輸送
☐ performance	公演	☐ value	価値
☐ permission	許可		
☐ phrase	語句		
☐ practice	練習		
☐ preference	好み		
☐ receipt	領収書		
☐ recognition	評価, 認識		

● 形容詞・副詞

□ ancient	古代の	□ accordingly	それに従って
□ apparent	明らかな	□ bravely	勇敢に
□ appropriate	適切な	□ constantly	絶えず
□ capable	有能な	□ eagerly	熱心に
□ cruel	残酷な	□ exactly	まさに，ちょうど
□ dependent	依存した	□ formerly	以前は
□ extensive	広い	□ fortunately	幸運にも
□ fragile	壊れやすい	□ frequently	頻繁に
□ glorious	栄光の	□ generally	一般に
□ ignorant	無知の	□ gradually	徐々に
□ invisible	目に見えない	□ immediately	ただちに
□ latter	後者の	□ kindly	親切に
□ permanent	永続的な	□ mentally	精神的に
□ precious	貴重な	□ obviously	明らかに
□ selfish	利己的な	□ particularly	特に
□ stable	安定した	□ precisely	正確に
□ subtle	希薄な	□ rapidly	急速に
□ suspicious	疑い深い	□ rarely	まれに
□ typical	典型的な	□ silently	静かに
□ unique	特有の	□ somehow	何とかして
□ vague	あいまいな	□ strictly	厳密に
□ worthy	価値がある	□ temporarily	一時的に

● 熟語

☐ above all	何よりも
☐ as a matter of fact	実を言うと
☐ before long	間もなく，やがて
☐ break into	〜に押し入る
☐ bring up	〜を育てる
☐ burst into tears	わっと泣き出す
☐ call off	〜を中止する
☐ carry out	〜を実行する
☐ come up with	〜を思いつく
☐ end up *doing*	結局〜することになる
☐ for certain	確実に
☐ for fun	遊びで
☐ for instance	例えば
☐ for long	長い間
☐ get over	〜から立ち直る
☐ go through	〜を経験する
☐ go with	〜と調和する
☐ in case	〜の場合に備えて
☐ in private	内密に，こっそりと
☐ in return	返礼として
☐ in short	手短に言えば
☐ in spite of	〜にもかかわらず

☐ in the distance	遠方に
☐ in use	使用中で
☐ in vain	無駄に
☐ live on	～に依存して生きている
☐ make up with	～と仲直りする
☐ no wonder	～も不思議ではない
☐ on duty	勤務時間中で
☐ on purpose	わざと
☐ pass by	～のそばを通る
☐ refer to	～を参照する
☐ remind *A* of *B*	*A* に *B* を思い出させる
☐ show off	～を見せびらかす
☐ stand by	待機する
☐ stand for	～を我慢する，表す
☐ take ... for granted	…ということを当然と思う
☐ take after	～に似る
☐ take over	～を引き継ぐ
☐ the last ... (to *do*)	最も（～しそうに）ない…
☐ to the point	的を射た
☐ turn up	（音量など）を上げる
☐ up to	～次第で
☐ when it comes to	～のことになると

二次試験 面接の流れ

❶ 入室とあいさつ

★…面接委員 ☆…受験者

係員の指示に従い,面接室に入ります。あいさつをしてから,面接委員に面接カード(試験前に受験番号や名前などを記入するカード)を手渡し,指示に従って着席しましょう。

- ☆:Hello.
- ★:Hello. May I have your card?
- ☆:Here you are. (面接カードを手渡す)
- ★:Please have a seat.
- ☆:Thank you. (着席)

❷ 名前と受験級の確認

面接委員があなたの氏名と受験する級の確認をします。その後,簡単なあいさつをしてから試験開始です。

- ★:May I have your name, please?
- ☆:My name is Hanako Obun.
- ★:This is the Grade 2 test. OK?
- ☆:OK.
- ★:How are you today?
- ☆:I'm fine, thank you.

❸ 問題カードの黙読

英文とイラストが印刷された問題カードを手渡されます。まず,英文を20秒で黙読するよう指示されます。英文の分量は60語程度です。

- ★:Now, let's begin the test. Here's your card.
- ☆:Thank you.
- ★:First, please read the passage silently for 20 seconds.
- ☆:All right. (黙読開始)

❹ 問題カードの音読

問題カードの英文を音読するように指示されるので，タイトルから読みましょう。時間制限はないので，意味のまとまりごとにポーズをとり，焦らずにゆっくりと読みましょう。

★：Now, please read the passage aloud.
☆：OK.（タイトルから音読開始）

❺ 4つの質問

音読の後，面接委員の4つの質問に答えます。No. 1・2は問題カードの英文とイラストについての質問です。No. 3・4は受験者自身の意見を問う質問です。No. 2の質問の後，カードを裏返すように指示されるので，No. 3・4は面接委員を見ながら話しましょう。

★：Now, I'm going to ask you 4 questions.
☆：Yes.

❻ カード返却と退室

試験が終了したら，問題カードを面接委員に返却し，あいさつをして退室しましょう。

★：Well, that's all. Could I have the card back, please?
☆：Here you are.
★：Thank you. You may leave now.
☆：Thank you. Goodbye.
★：Goodbye.

二次試験　とっさの一言

● 質問が聞き取れなかった時は…
Can you please repeat that again? / (I beg your) Pardon?
「もう一度言っていただけますか」

● 答えを考えている時は…
Let's see ... / Well ... 「ええと…」

● 自分の意見を言いたい時は…
I think ... / I don't think ...
「…と思います／…ではないと思います」
should *do* / shouldn't *do*
「〜する方がよい／〜しない方がよい」

● 別の情報を追加したい時は…
Also,「また,」／ for example「例えば」

● 理由を言いたい時（Why ...？の質問に答える時）は…
Because ...「なぜなら…だからです」

● 方法や手段を言いたい時（How ...？の質問に答える時）は…
By *doing* ...「…することによってです」